JN419487

두꺼비 선생님

두꺼비 선생님

발행일 2025년 12월 4일

지은이 심형섭
펴낸이 손형국
펴낸곳 (주)북랩

출판등록 2004. 12. 1(제2012-000051호)
주소 서울특별시 금천구 가산디지털 1로 168, 우림라이온스밸리 B동 B111호., B113~115호
홈페이지 www.book.co.kr
전화번호 (02)2026-5777   팩스 (02)3159-9637

ISBN 979-11-7598-006-8 03810 (종이책)   979-11-7598-007-5 05810 (전자책)

잘못된 책은 구입한 곳에서 교환해드립니다.
이 책은 저작권법에 따라 보호받는 저작물이므로 무단 전재와 복제를 금합니다.
본 도서는 (주)북랩이 보유한 리코 인쇄 장비 등 자체 생산 인프라를 통해 제작되었습니다.

작가 연락처 문의 ▸ ask.book.co.kr

전용 게시판에 문의를 남기시면 저자에게 직접 전달됩니다.

(주)북랩 성공출판의 파트너

북랩 홈페이지와 SNS에서 다양한 출판 솔루션을 만나 보세요!

홈페이지 book.co.kr   •   **블로그** blog.naver.com/essaybook   •   **출판문의** text@book.co.kr
카톡채널 북랩

평생 교육자가 들려주는 인성과 관계,
그리고 성장의 지혜

두꺼비 선생님

심형섭 지음

왜 내 아이는 관계에 상처받고 쉽게 무너질까?
그것은 스스로를 지키는 마음의 힘이 아직 충분히 자라지 않았기 때문.

**평생 교육자 두꺼비 선생이 들려주는
마음의 기본기와 성장의 지혜**

 북랩

"두꺼비 선생님, 안녕하세요?"

"오, 두꺼비 학생!"

『두꺼비 영단어』 책을 펴내고 전교생에게 배부하였다. 책에 대한 학생들의 반응을 알아보려고 일부러 학생들이 많이 등교하는 시각에 맞춰 중앙 현관에 나가서 아이들과 마주쳤다. 『두꺼비 영단어』 책을 재미있게 읽고 있다는 반응이 많았다. 그중 4학년 어떤 학생은 나를 보자마자 대뜸 '두꺼비 선생님'이라 불렀으며, 한두 번에 그치지 않고 나와 마주칠 때는 항상 두꺼비 선생님이라고 불렀다. 나도 처음에는 '이것 버릇없는 것 아니야!'라고 생각하다가도 『두꺼비 영단어』 책을 홍보하여 학생들이 더 관심을 갖고 많이 읽을 수 있는 계기가 될 수 있다는 생각에 그 학생을 '두꺼비 학생'이라고 불렀는데, 그 학생도 싫어하는 눈치는 아니었다.

『두꺼비 영단어』 책을 2편까지 펴냈다. 어떤 학생은 출판하면 좋겠다고 하는 학생도 있었다. 학교에서 배부한 책을 가지고 있으면서도 서점에서 사고 싶다고 하였다. 초등학생들에게 영어 단어를 익힐 목적으로 1편당 50개의 글을 쓰고, 관련 영어 단어를 함께 제시하였다. 이 책은 2편까지 엮었던 100개의 글 중 84편을 골라, 영어 단어 익히기는 빼고 본문의 글만 실었다. 사진 자료와 그림 자료도 많이 줄였다.

초등학생을 위한 글이지만 글의 어휘가 쉽지 않은 글도 많다. 쉽게 고치고 싶었으나, 전달하려는 본래 의미가 약해져서 많이 고치지는 못했다. 오히려 그러한 점이 학부모님께는 더 도움이 되지 않을까 생각한다. 나를 두꺼비 선생님이라고 불러 준 학생에게 고마움을 전한다. 그 고마움에 크게 보답하려고 책의 제목을『두꺼비 선생님』이라고 붙였다.

아무쪼록 이 책을 읽으면서 학생들은 삶의 지혜를 익히고 배움은 더 깊어질 것이며, 할아버지가 들려주시는 듯한 옛이야기를 맛볼 수 있을 것이다. 또한 학부모님께서 읽는다면 초등학생들의 생생한 생활 모습을 조금이나마 느낄 수 있지 않을까 생각한다.

목차

지혜가 담긴 삶의 이야기 ──────────────────

추억 속의 옛이야기

현재 초등학교의 생생한 생활 모습

배우는 즐거움, 익히는 기쁨

두꺼비
선생님

지혜가 담긴
삶의 이야기

내가 먼저 대접해야
남도 나를 대접한다

*

'내가 먼저 대접해야 남도 나를 대접한다'라는 말에 동의하지 않는 사람은 아마 없을 것이다. 하지만 사람들은 남을 먼저 대접하는 데 인색한 경우가 많다. 늘 대접받을 준비는 되어 있으면서도, 정작 대접할 준비는 되어 있지 않다. 그렇기 때문에 대접받고 싶다면 먼저 남을 대접해야 한다. 여기서 대접이라고 말할 때는 물질적 대접만을 말하는 것이 아니다. 정성을 다하는 마음의 대접, 예의, 배려까지를 포함한다.

물론, 남을 대접하는 이유가 단지 나도 대접받고 싶어서라면 조금은 치사하게 느껴질 수도 있다. 모든 인간관계가 이처럼 계산적인 것은 아니지만, 아무런 대접도 하지 않으면서 대접만 받으려는 태도보다는 진심을 담아 대접하면서 대접받기를 바라는 태도가 훨씬 더 바람직하다.

사람들은 대접을 잘 받으면 "융숭하게 대접을 잘 받았다"라며 대접해 준 사람을 고맙고 좋게 기억한다. 그리고 다음에 기회가 되면 꼭 보답하겠다는 마음을 갖게 된다. 반면, 제대로 대접받지 못했다고 느끼면 섭섭해하며, 예의가 없다고 비난하기도 한다.

그래서 누군가를 대접할 때는 최선의 예의와 정성을 다하는 것이 중요하다. 선물을 줄 때도 마찬가지다. 이왕이면 가장 좋은 것을 주는 것이 좋다. 우리 집에서 쓰던 물건을 대충 챙겨서 선물로 주는 일은 피해야 한다. 자칫하면 안 주느니만 못한 상황이 생길 수도 있기 때문이다.

하지만 대접에도 분명 한계는 있다. 일정한 선을 넘으면 그것은 대접이 아니라 접대가 되거나, 심한 경우 뇌물로 오해받을 수 있다. 일반적으로 대접은 사적인 관계에서 이해관계 없이 이루어지는 것이며, 접대는 공적인 관계에서 업무 목적으로 이루어지는 것으로 구분된다.

결국 대접이든 접대든, 진심 어린 예의와 정성으로 베풀어야 한다. 돈이나 물질로 과하게 베풀면, 받는 사람이 부담을 느끼거나 오해를 살 수 있으니 그 균형을 잘 지키는 것이 중요하다.

친구라고
다 같은 친구가 아니다

*

제가 모임이 몇 개 있는데, 그중에 대학교를 졸업하면서 만든 친구 모임이 있습니다. 아주 오래 만나 온 모임이죠. 엊그제는 갑자기 그 친구들을 제가 호감이 가는 순서로 순위를 매겨 봤어요. 친구들이라고 다 똑같이 좋은 것은 아니잖아요? 회원이 7명이니 저를 빼면 6명이죠. 1등, 2등, 3등까지는 어느 정도 순위가 있더라고요. 그런데 나머지 4, 5, 6등은 우열을 가리기 어려울 정도로 도긴개긴이었어요.

여기까지는 참 좋았는데, 갑자기 생각이 저로 향했습니다. '그럼 나는 친구들이 몇 등으로 순위를 매겨 줄까?' 하는 궁금증이 생겼어요. 아무리 생각해 봐도 자신이 없었습니다. 아마 1, 2, 3등은 아닐 거라는 생각이 들었습니다. '4, 5, 6등이 아닐까?' 하는 생각이 들었어요. 저도 친구들한테 좋은 친구는 아닐 것이라는 생각이 들었어요. 저도 지금까지 제가 살아온 과정을 알거든요. 조금도 손해 보지 않으려 했고, 양보도 거의 하지 않았어요.

사람이라면 누구나 좋은 친구를 사귀고 싶어 하죠. 그 좋은 친구가 나만 좋아하면 좋겠다고 생각하기도 하죠. 그렇지만 공평하기도 한 것이, 나한테 잘하는 친구는 대부분 다른 사람들한테도 잘하죠. 그래서 저는 항상 학생들한테 이렇게 말해 왔습니다. "좋은 친구를 사귀는 가장 좋은 방법은 내가 먼저 좋은 친구가 되는 것이다."라고요.

내가 손해 보고, 양보해야 남들이 좋다고 합니다. 자기 욕심은 죄다 챙기고, 조금도 손해 보려 하지 않는 친구를 좋아하는 사람은 없겠죠. 그러면 '어디까지 손해 보고 양보해야 하나?' 하는 고민이 생기죠.

양보를 해도 해도 끝이 없는, 건디기 어려운 상황에까지 이르면 '과연 이 모임을 계속 유지해야 하나' 하는 고민이 생기기도 하죠. 그래서 결국은 탈퇴하기도 합니다.

그런데 저도 모임마다 생각해 보면, 한없이 맘에 드는 모임은 하나도 없더라고요. 제 마음에 내키는 대로 했다면 아마 지금은 모임이 하나도 남아 있지 않았을 겁니다. 그래서 결국은 여기서 지혜가 필요하다는 것입니다. 어느 정도는 양보도 하고, 손해도 보고, 충돌을 피하는 지혜도 발휘하고 그래야죠.

두꺼비 선생님

이웃의 행복도
함께 생각하는 사람이 되자

✳

연예인 특강 – 이웃의 행복도 함께 생각하는 사람이 되자

안녕하세요, 세린초등학교 어린이 여러분! 저는 오늘 특별히 여러분에게 꼭 들려주고 싶은 이야기가 있어서 이 자리에 섰어요. 혹시 TV에서 제가 나오는 드라마나 예능 프로그램을 본 친구들 있나요? 네~ 맞아요! 그런데 오늘은 배우나 가수로서가 아니라, 여러분의 언니나 형 같은 사람으로서 이야기를 해 보려고 해요.

여러분에게는 어떤 꿈이 있나요? 운동선수, 과학자, 선생님, 유튜버, 연예인… 어떤 꿈이든 정말 멋지고 소중한 꿈이에요. 그리고 그 꿈을 이루기 위해 열심히 노력하는 것도 정말 대단한 일이죠. 그런데 말이에요, 가끔은 아무리 노력해도 일이 잘 안 풀릴 때도 있어요. 꿈에 도달하지 못했을 때도 있고, 중간에 방향이 바뀌는 경우도 있어요. 그렇다고 실패자가 되는 건 절대 아니에요. 왜냐하면 우리는 각자 다른 길을 가는 거고, 모두가 꼭 같은 방식으로 성공하지는 않거든요. 그리고요, 정말 중요한 건 바로 이거예요. 내가 잘되기 위해서만 꿈을 꾸는 게 아니라, 이웃과 함께 행복해지는 방법도 함께 생각하는 사람이 되는 거예요.

여러분, TV에서나 뉴스에서 본 적 있을 거예요. 큰 비가 와서 물난리가 나거나 큰불이 나서 피해를 입은 사람들이 있을 때, 연예인이나 스포츠 스타들이 기부하는 뉴스. 맞아요. 저도 그런 일에 함께하고 있어요. 왜냐하면 제가 조금 더 벌 수 있는 만큼, 조금 더 나눌 수 있다고 생각하거든요. 하지만 꼭 연예인이라서, 돈이 많아서만 나눌 수 있는 건 아니에요. 어떤 분은요, 그리 많지 않은 수입에서 매달 조금씩 떼어서 20년, 30년 넘게 기부를 해 오신 분도 있어요. '굿네이버스', '월드비전', '세이브더칠드런', '초록우산어린이재단', '유니세프', '국경없는의사회' 같은 곳에요. 기부는 크기가 중요한 게 아니라 마음이 중요한 거예요.

아, 그리고 여러분 혹시 오드리 헵번이라는 이름을 들어 봤나요? 옛날에 아주 유명한 영화배우였는데요, 나중에는 어린이들을 위해 봉사 활동을 정말 열심히 했어요. 그분이 이런 말을 했어요.

"아름다운 입술을 갖고 싶으면 친절한 말을 하세요. 사랑스러운 눈을 갖고 싶으면 사람들의 좋은 점을 보세요. 날씬한 몸매를 갖고 싶으면 당신의 음식을 배고픈 사람과 나누세요."

어때요, 멋진 말이죠? 저도 이 말을 마음에 새기고 살고 있어요.

여러분도 앞으로 자라면서 혼자만 잘 사는 사람이 아니라, 이웃과 함께 행복을 나누는 사람이 되었으면 해요. 친구가 힘들어할 때 손을 잡아 주는 것, 학교에서 친구를 챙겨 주는 것, 집에서 동생을 도와주는 것… 이런 작고 따뜻한 행동이 다 '기부'고, 나눔'이랍니다. 자, 우리 같이 약속할까요? "나 혼자만 행복한 사람이 아니라, 이웃의 행복도 함께 생각하는 사람이 되자!"

여러분 모두, 지금처럼 밝고 따뜻하게 자라나길 응원할게요! 그리고 언젠가 여러분 중에서도 멋진 배우, 의사, 발명가, 선생님이 돼서 다른 사람을 도와주는 멋진 어른이 되길 기대할게요! 감사합니다!

김치 나라의 비밀

✳

어느 날 아침, 민지는 밥상 위에 놓인 김치를 물끄러미 바라보고 있었어요.

"엄마, 왜 우리 밥에는 항상 김치가 있어요?"

"그야~ 김치는 우리 한국 사람들이 좋아하는 반찬이니까 그렇지. 건강에도 좋고!"

"음… 근데 김치가 왜 맛있을 때도 있고, 별로일 때도 있어요?"

엄마는 웃으며 말했어요.

"그건 재료가 다르기 때문이야. 김치를 맛있게 담그려면 좋은 재료가 필요하거든."

그 말을 듣고 민지는 고개를 갸웃했어요.

"좋은 재료?"

그날 밤, 민지는 신기한 꿈을 꾸었어요. 꿈속에서 민지는 어느 마법 같은 곳, 바로 김치 나라에 도착했어요! 그곳에는 배추 장군, 마늘 요정, 고춧가루 왕자가 살고 있었어요.

"어서 와, 민지야!"

배추 장군이 말했어요.

"우리는 맛있는 김치를 만들기 위해 모인 김치 삼총사야!"

고춧가루 왕자가 씩 웃으며 말했어요.

"하지만 우리만으로는 부족하지. 무, 생강, 쪽파, 젓갈 친구들도 힘을 합쳐야 진짜 맛있는 김치가 되지!"

마늘 요정이 민지를 보며 말했어요.

"우리는 너에게 더 중요한 비밀을 알려 주러 왔지."

"비밀이요?"

"그래! 사람도 김치처럼 좋은 재료를 모아야 멋진 어른이 될 수 있어."

배추 장군이 엄숙하게 말했어요.

"멋진 어른으로 커가기 위해 사람이 갖추어야 할 재료는 바로 실력, 재능 그리고 인성이란다."

"실력은 공부나 운동, 네가 잘하고 싶은 걸 열심히 연습하는 거야."

"재능은 너만의 특별한 장점을 찾는 거지!"

"인성은 친구를 도와주고, 착한 마음을 지키는 거란다."

민지는 눈을 반짝이며 물었어요.

"그럼, 나도 좋은 재료들을 모으면 맛있는 김치처럼 좋은 사람이 될 수 있어요?”

“물론이지!” 삼총사가 동시에 외쳤어요.

“그리고 꼭 기억해! 혼자만 잘 살려고 하지 말고, 이웃의 행복도 함께 생각하는 사람이 되어야 진짜 멋진 사람이란다!”

순간, 반짝이는 고춧가루 비가 내리며 민지는 다시 집으로 돌아왔어요. 밥상 위에 놓인 김치가 유난히 맛있어 보였어요. 민지는 조용히 혼잣말을 했어요.

“앞으로는 김치를 볼 때, 내가 어떤 사람으로 자랄지 생각해야겠다.”

그리고 한 입 쏘옥, 김치를 먹으며 민지는 살짝 웃었어요.

두꺼비 선생님

좋은 친구를 만드는
비밀 이야기

＊

어느 마을에 '지혜'라는 친구가 살고 있었어요. 지혜는 늘 좋은 친구를 만나고 싶었지만, 친구 사귀기가 생각보다 쉽지 않다는 걸 알았어요.

'좋은 친구는 어떻게 사귀는 걸까?' 지혜는 고민했어요.

어느 날, 지혜는 마을 어르신에게 물었어요.

"좋은 친구를 사귀고 싶어요! 어떻게 해야 할까요?"

어르신이 웃으며 말했어요.

"좋은 친구를 사귀고 싶다면, 먼저 네가 좋은 친구가 되어야 한단다."

"좋은 친구가 된다고요?" 지혜가 의아해했어요.

"그래, 네가 친절하고, 정직하고, 약속을 잘 지키면 친구들이 자연스럽게 모여든단다. 친구도 우리와 같아서 완벽하지 않아. 친구가 때로는 마음에 들지 않는 점이 있어도 그걸 이해하고 함께하는 게 진짜 우정이지."

그날부터 지혜는 자신을 돌아봤어요.

'나는 친구들에게 친절한가? 약속을 잘 지키고 있나?'

　지혜는 작은 약속도 꼭 지키고, 친구들이 슬플 때 다정하게 위로해 주었어요. 그러자 친구들도 점점 지혜를 좋아하게 되었어요. 지혜와 친구들은 서로 돕고, 웃으며 매일매일 즐겁게 보냈답니다. 하지만 때때로 지혜에게 불편한 친구도 있었어요. 그 친구는 자꾸 지혜 마음을 아프게 했지요. 그럴 땐 지혜는 혼자 속상해하지 않고, 선생님께 솔직하게 이야기했어요.

　"나쁜 친구라고 하여도 딱 자를 수 없으니 차츰 덜 만나고, 좋은 친구는 가까이하며 지혜롭게 친구를 사귀는 게 중요해."

어르신 말씀이 맞았어요. 그래서 지혜는 오늘도 좋은 친구가 되려고 노력하며, 친구들과 소중한 우정을 키우고 있답니다. 여러분도 지혜처럼 먼저 좋은 친구가 되어 보세요! 좋은 친구가 여러분을 기다리고 있을 거예요.

나 자신보다
너를 더 사랑했다네

✳

피노키오의 노래, 〈사랑과 우정 사이〉의 가사 중에 '내 자신보다, 이 세상 그 누구보다 널 아끼던 내가 미워지네'라는 가사가 있다. 자기 자신보다 더 아낀 사람과 헤어져야 하는 아쉬움을 나타내고 있는 말이다. '그렇게 아끼고 사랑했으면 헤어질 때까지도 아껴 주면 안 될까!' 하는 아쉬움이 있다. 아니면 마음이 다시 돌아올 때까지 조금 더 기다려 주든지. 남자가 성질이 급해서 빨리 포기하고 돌아서는 장면 같다. 하지만 사람의 마음은 한 번 떠나면 다시 돌아오기 어려운 경우가 많으니, 빨리 포기하는 것이 나을 때도 있다.

가사에는 '내 자신'이라고 표현했는데, 올바른 표현은 '나 자신'이 맞다. 영어로는 'myself'다. 영어에서 인칭대명사 소유격 또는 목적격의 끝에 'self'를 붙인 것을 '재귀대명사'라고 한다. 너 자신은 yourself, 그 자신은 himself, 그녀 자신은 herself이다. self의 복수형은 selves이다. ourselves, yourselves, themselves가 복수형 재귀대명사다. "Help yourself."는 '마음껏 드세요.'라고 해석되며, 자기 집에 찾아온 손님에게 음식을 내어 주면서 하는 말이다.

그런데 진짜 자기 자신보다 그 연인을 더 사랑했을까? 증명할 길이 없을 것 같다. 그 사람 말을 믿을 수밖에. 노래 가사니까 쉽게 쓸 수 있지 않았을까? 아무튼 엄청나게 사랑했다는 말인 것 같다. 결국 자기 연인이었으니 사랑했던 것이고, 더 이상 연인으로 발전할 수 없음을 안 지금에 생각해 보니 어태껏 괜히 사랑했다고 후회하고 있는 것이다.

만나고 헤어짐은 너무나도 일상적인 것이다. 만남의 기쁨만큼 헤어짐의 아픔도 있음을 항상 각오하고 준비하고 연습해 두어야 한다. 회자정리(會者定離)라고 하지 않았던가! 만난 사람은 반드시 헤어지게 되어 있다는 것이다. 이와 반대로 헤어진 사람은 언젠가 반드시 돌아오게 된다는, 거자필반(去者必返)이라는 말도 있다. 그런데 헤어진 사람이 돌아오면 좋은가, 나쁜가? 모를 일이다. 다시 만나 좋은 사람도 있겠지만, 다시는 꼴도 보기 싫어서 헤어진 사람도 있지 않은가! 이를 어쩐단 말인가! 그러니 너무 독하게, 너무 매몰차게 뿌리칠 일이 아니다.

웃을 때 잇몸이 보이는
여자가 좋다

✳

변진섭이 부른 〈희망 사항〉이라는 노래가 있다. 변진섭 특유의 잔잔하고 편안한 창법이 인상적인 곡이다. 노래를 부를 때 악쓰지 않는다. 약간 웃으면서 농담하는 투의 노래 가사가 재미있다. 1989년 10월에 발매된 이 노래는 당대의 유명한 가수 노영심이 작사와 작곡을 하였다. 천재적인 감성을 지닌 여가수가 노래를 만들고, 또 다른 천재 가수가 그 노래를 불렀다.

이 노래는 여자가 남자의 입장이 되어 여자에 대한 노랫말을 썼다. 노랫말을 가만히 음미해 보면 그런 여자를 좋아할 남자도 있겠지만, 그런 여자를 싫어할 남자도 많을 것 같다. 그러니 어쩌면 '이런 여자도 좋아해 주세요' 하고 말하는 것 같기도 하다. 왜냐하면, '청바지가 잘 어울리는 여자'를 좋아할 수는 있지만, '웃을 때 목젖이 보이는 여자'를 좋아할 남자가 얼마나 있을지 모르겠다. 그래서 더더욱, 이 노래의 가사는 유쾌한 상상 속의 이야기처럼 느껴진다.

그건 그렇고, 나는 '웃을 때 잇몸이 발갛게 보이는 여자'가 좋다. 잇몸이 선홍빛으로 확 드러나 보이면 참 부럽다. 잇몸이 건강하다는 느낌이 든다. 물론, 웃을 때 잇몸이 잘 보이는 것은 잇몸의 건강 상태와는 상관없이 윗입술이 많이 올라간다거나 잇몸이 길다거나 하는 구강 구조상의 특징이기는 하다. 하여튼 그러한 모든 것을 다 떠나서, 일단 잇몸이 많이 보이면 참 좋아 보인다. 참 부러워 보인다.

나는 잇몸이 약해서 임플란트를 7개나 하였는데, 지금도 잇몸 상태가 불안하다. 건강한 잇몸을 빌릴 수만 있다면 얼마나 좋을까! 그렇다고 인○돌이나 이○탄을 먹을 생각은 없다. 양치질을 더 꼼꼼하게 열심히 하는 수밖에 없다. 치간 칫솔도 쓰고 치실 사용도 해야 하는데, 그렇게 부지런하지는 못하다. 아직 정신을 덜 차린 것 같다. 치과에 가서 고문당할 생각을 한다면, 치간 칫솔과 치실 사용을 게을리하면 안 되는데 말이다.

커피는
커피 믹스가 최고

*

음주는 건강에 좋지 않으므로 청소년에게 주류를 판매하는 것은 법으로 금지되어 있다. 초등학생이 커피를 마시는 것은 법률로써 금지된 것은 아니지만, 건강에 도움이 되지 않으므로 마시지 않도록 지도하고 있다. 성인에게 음주가 허용되었다고 하여 음주가 성인에게 해가 없다는 것이 아니듯, 커피가 초등학생에게 좋지 않다는 것은 성인도 커피가 건강에 좋지 않을 수 있다고 할 수 있다. '커피가 건강에 이로운가, 아닌가' 하는 논쟁은 언제 끝날지 알 수 없다. 그래도 나는 커피 믹스가 제일 좋다. 값이 무척 싸고, 참 달다. 만들어 먹기도 매우 간편하고 간단하다. 휴대하기도 편하다.

커피 믹스가 좋다고 하여도 하루에 여러 개를 마신다는 것은 건강에 좋지 않음은 분명한 것 같다. 어떤 사람은 단한 잔도 건강을 위하여 마시지 않아야 한다고 주장하는 사람도 있다. 어떤 사람은 말하기를 커피는 죄가 없는데,

커피를 굽는 과정에서 구수한 향을 강하게 만들기 위하여 너무 태우는 것 자체가 문제라고 한다. 그래도 커피숍에서 굳이 커피를 마셔야 한다면, 아메리카노가 가장 해가 적다고 한다. 다른 커피는 액상과당이나 여러 첨가물이 과도하게 들어가기 때문에 건강에 안 좋다고 한다. 그래서 커피점에서 '아아'나 '뜨아'가 많이 팔리나 보다. 영어권에서는 그냥 'Americano'라고 하면 핫 아메리카노를 뜻하고, 아이스가 필요할 때만 'Iced Americano'라고 구분하는 것이 일반적이라고 한다.

　나는 요즘 사실상 커피를 끊었다. 일부러 커피점에 가는 일은 원래 없었고, 커피를 테이크아웃 하는 일 자체를 이해하지 못한다. 그나마 거의 20년 가까이 하루에 한 잔씩 마시던 커피 믹스마저 끊었다.

커피 믹스가 건강에 안 좋은 점이 있다고는 하더라도 '하루에 한 잔쯤이야' 하며, 매일 아침 300ml 정도 되는 큰 컵에 물을 찰랑찰랑하게 담아서 숭늉 마시듯이 마시던 커피였다. 그렇게 물을 많이 담아 마시면 포만감도 있고, 커피의 총량이야 같겠지만 커피 맛이 연해져서 좋다. 하여튼 아침에 마시는 커피 한 잔이 정신을 번쩍 나게 하여 하루를 버티게 하는 힘이 있었다. 그런데 요즘은 그것마저 건강을 생각하여 거의 끊었다. 그래도 그 달콤한 설탕 맛과 커피 향이 그리워서 가끔은 마시는 날도 있다.

오에스 식당
오 사장

*

오에스 식당의 오사장은 1년째 식당을 운영해 오고 있다. 아직 적자를 보지는 않지만, 인건비를 제대로 건지지는 못하고 있다. 말이 식당이지, 실상은 스낵바와 샐러드바의 중간이다. 실제로 요리하는 음식은 거의 없다. 달걀 삶기가 전부다. 그래도 인기 있는 채소와 과일은 빠짐없이 갖추고 있다. 대형 마트에서 대기업이 만든 밀키트를 사다가 그대로 조리해 준다. 구입한 가격에 100%를 더 붙여서 판매하고 있다.

사실, 오 사장은 '오씨'로 불리고 싶어 했다. 정년퇴직을 몇 년 앞두고, 그는 퇴직 후의 삶을 마음속으로 그려왔다. 시골 군청 소재지의 읍 단위 정도 되는 곳에 작은 아파트를 월세로 얻어 살면서, 인근 농촌에서 밭일을 하고 품삯을 받아 여생을 보내고 싶었다. 이때 밭 주인들은 그를 '오 교장'이 아닌 '오 씨'로 부를 것이 뻔하다. "어이, 오 씨!" 물론 각오하고 있었고, 그것은 당연한 일이었다. 그는 점차 농촌 생활에 익숙해지면, 아파트를 떠나 더 깊은 농촌 마을로 들어갈 생각도 하고 있었다.

그런데 요즘 농촌은 많이 달라졌다고 한다. 기계 농업이 발달해 밭일을 사람이 직접 할 일이 많지 않고, 일이 많으면 인력시장에서 일꾼들을 차로 대규모로 데려온다고 한다. 괜히 아파트 월세와 관리비만 낭비하는 꼴이 마음에 내키지 않아 결국 포기했다. 어쩌다 한 번씩 시골 여행을 가는 것으로 만족하며, 시골 생활에 대한 로망을 접었다.

그래서 차선으로 선택한 일이 바로 '오에스 식당'이었다. 식당 운영의 주요 원칙 첫째는, 복잡한 조리를 하지 않는다는 것이다. 조리 과정이 복잡하면 인건비가 많이 들고 손도 많이 간다. 화기를 많이 사용하면 위험할 뿐만 아니라 폐 건강에도 좋지 않다. 둘째 원칙은 '탄탄튀' 식품은 가급적 취급하지 않는다는 것이다. 탄산음료, 정제 탄수화물, 튀긴 음식이 이에 해당한다. 셋째 원칙은 신선한 채소와 과일은 당일 구매, 당일 판매를 원칙으로 한다. 넷째 원칙은 일요일에는 반드시 쉰다는 것이다. 무슨 큰돈을 벌겠다고 일요일까지 일하고 싶지는 않았다.

나는 자연인이다!

[자막: 나는 자연인이다- 산중의 친구, 그 어정쩡한 자연인]

나레이터: (잔잔한 목소리로) 오늘도 도시의 소음에서 벗어나 조용한 산골로 향하는 발걸음. 그곳엔 자연을 벗 삼아 살아가는 한 남자가 있었습니다. 간암 말기도, 폐암 4기도, 사업 실패도 아닌, 다만 '조용히 살고 싶다'는 바람 하나로 산골에 들어온 어정쩡한 자연인.

[카메라: 울창한 산길을 따라 차량이 올라간다. 차 안에는 리포터가 타고 있음.]

현장 리포터: (차 안에서) 안녕하세요~ 오늘은 특별한 자연인을 만나러 갑니다. 이야기를 들어보니 전기도 들어오고, 스마트폰도 터지지만, 치킨 배달만 안 되는 산골이라는데요. 도대체 어떤 분인지 너무 궁금합니다! 한번 만나

보러 가시죠!

[카메라: 자연인의 집 앞 도착. 잔잔한 음악. 수염을 덥수룩하게 기른 자연인이 장화를 신고 나타남.]

자연인: (웃으며 등장) 아이구! 멀리서 오셨네. 차가 잘 올라왔어요? 여긴 산골이라 해도 승용차로 집 앞까지 오긴 해요.

리포터: 선생님, 이렇게 수염도 멋지게 기르시고, 장화에 모자까지! 진짜 〈나는 자연인이다〉 느낌이 팍팍 납니다!

자연인: 하하, 사실 진짜 자연인들처럼 첩첩산중은 아니에요. 전기도 들어오고 TV도 잘 나와요. 그냥, 도시가 싫어서 조금 일찍 교직을 내려놓고 이곳으로 온 거죠.

나레이터: 승진 대신 선택한 여유, 경쟁 대신 택한 고요함. 그는 교감, 교장 자리도 마다하고 자녀 교육에 집중했답니다.

리포터: 그런데 자녀분들이 아주 잘되셨다고 들었습니다?"

자연인: (겸손하게) 아들이 서울대 로스쿨 나와 변호사 하고 있고, 딸은 수도권 대도시에서 약사로 일하고 있어요. 그때 승진 노력 안 한 건 지금 생각해도 잘한 선택 같아요. 물론, 꼭 그렇게 한다고 다 잘되는 건 아니지만요.

나레이터: 아버지로서 자녀를 먼저 생각했던 자연인. 그 선택이 오늘의 평온함으로 돌아왔습니다.

[카메라: 집 근처를 걷는 두 사람. 진돗개 두 마리와 고양이 한 마리 등장.]

리포터: 이야~ 진돗개에 고양이까지! 산짐승이 자주 내려오나 봐요?

자연인: 멧돼지, 고라니, 사슴…. 농작물 망치는 애들이 많아서요. 진돗개 둘이 지켜 주고, 고양이는 뱀을 막아 줘요. 나름 역할 분담이 있어요. 하하.

나레이터: 작은 텃밭과 가끔 나가는 읍내 '하나로마트'. 바쁠 것도, 복잡할 것도 없습니다. 일주일에 한 번이면 충

분한 외출. 자연인은 그렇게 살아갑니다.

[카메라: 친구와 자연인이 막걸리를 마시며 웃고 있는 장면.]

리포터: 이야~ 친구분과 이렇게 오랜 인연을 이어 가고 계시다니, 보기 좋습니다.

자연인: 7년 됐어요. 1년에 예닐곱 번은 꼭 와요. 올 때마다 전화해서 필요한 거 사 온다니까요. 친구가 복이에요, 복.

나레이터: 산골의 맑은 공기, 딱 한 병으로 제한된 막걸리 그리고 친구와의 대화. 이보다 더 훌륭한 삶이 있을까요? 어쩌면 진짜 자연인은, 자연과 더불어 조용히 웃을 줄 아는 사람일지도 모릅니다.

[자막: 나는 자연인이다- 오늘도 평화롭게, 어정쩡한 자연인의 하루]

웃으라, 웃으라, 웃으라!

　와, 정말 웃기다! 개그맨들은 어떻게 이렇게 재미있는 이야기를 만들 수 있을까? 한동안 나는 KBS의 프로그램 〈개그콘서트〉를 잘 안 봤다. 아마 다른 TV 프로그램인 〈미우새〉를 보느라 안 보게 된 것 같다. 그런데 폐지되었던 〈개그콘서트〉가 다시 방송되고 있어서 가끔 보게 된다. 생각보다 재미있는 코너들이 있다.

　그중에서도 내가 재미있게 본 코너는 '황해 2025'라는 것이다. 이 코너에서 개그맨 두 명이 조선족 흉내를 내며 보이스피싱을 하는 척한다. 보이스피싱이란, 전화를 걸어 거짓말로 다른 사람을 속이고 통장으로 돈을 보내게 하는 아주 나쁜 짓이다. 이 코너에서는 전화를 거는 대신, 카카오톡으로 보이스피싱을 하는 것으로 상황을 설정하였다. 하지만 이 코너는 진짜로 나쁜 일을 하는 게 아니라, 그런 상황을 웃기게 표현한 연극이다.

　이 코너에 나오는 두 사람은 아주 서툴고 어눌해서, 아무도 그들의 카톡 사기에 속지 않는다. 그래서 항상 보이스피싱에 실패한다. 여러 번 부하 직원이 실수를 해서 속이려는 상대방이 보이스피싱임을 알아채려는 위기에 닥친다. 그럴 때 두목이 잽싸게 말한다.

"웃으라, 웃으라, 웃으라!"

그러면 그 부하 직원이 억지로라도 웃는다. 신기하게도 그 웃음 덕분에 상황이 잠깐 넘어가기도 한다.

이 장면을 보면서 나는 생각했다. '우리도 힘들거나 당황할 때, 잠깐이라도 웃으면 좋지 않을까?' 사실 우리는 위기에 닥치면 보통 무섭고 슬퍼서 우울한 얼굴을 하고 아무것도 못 한다. 한마디로, 당황하게 된다. 하지만 그런다고 해서 일이 잘 풀리지는 않는다. 그럴 때 오히려 한 번 웃어보는 게 도움이 될 수 있다.

웃으면 마음이 편해지고, 그러면 더 좋은 생각이 떠오를 수도 있다. 실제로 나도 그런 경험이 있다. 너무 당황하거나 화가 나면 좋은 생각이 떠오르지 않지만, 차분하게 마음을 가라앉히면 좋은 아이디어가 생각날 때도 많다. 그러니 당황하지 말고 웃어 보자.

중복날, 삼계탕 먹으러 가요

✳

오늘은 중복날, 37도가 넘어가는 아주 더운 날이에요.

"오늘이 바로 중복날이란다!" 하고 아빠가 말했어요.

중복날은 여름에 가장 더운 날 중 하나래요. 그래서 우리는 할머니, 할아버지와 함께 삼계탕을 먹으러 식당에 갔어요. 식당에 도착하니,

"와! 사람이 정말 많다!"

모두 더위를 이기려고 삼계탕을 먹으러 온 것 같았어요. 아빠는 더운 날씨에 걱정이 많으셨어요.

"7월도 안 끝났는데 이렇게 더우면… 8월까지 얼마나 더 더울까?"

엄마도 고개를 끄덕이며 말씀하셨어요.

"옛날엔 8월 말에 있는 처서만 지나면 시원해졌는데, 요즘은 8월이 다 지나도 계속 더워."

할아버지는 작년을 떠올리셨어요.

"작년에는 9월 중순까지도 여름처럼 더웠어. 올해는 좀

시원해지길 바란다."

그러자 할머니가 재미있는 이야기를 들려주셨어요.

"삼복더위가 제일 더운 거야. 초복, 중복, 말복. 이 세 개를 삼복이라고 해. 삼(三)은 셋, 복(伏)은 '엎드릴 복'이라는 뜻이란다."

"복은 왜 엎드린다는 뜻이에요?" 하고 내가 물었어요.

"사람과 개가 나란히 있는 모양을 본뜬 글자거든. 개가 더위에 배를 바닥에 깔고 엎드리는 모습이야."

나는 '와! 한자도 이렇게 재미있구나!' 하고 생각했어요.

그때 아빠가 또 말씀하셨어요.

"요즘 젊은 사람들은 삼복날에 치킨도 많이 먹지만, 기름에 튀긴 거니까 너무 자주 먹으면 안 좋아. 삼계탕이나 백숙이 몸에 더 좋아."

할아버지는 옛날이야기를 해 주셨어요.

"옛날에는 복날에 개고기를 먹기도 했어. 지금은 안 먹지만, 그땐 소고기는 너무 귀했거든. 나는 어릴 적 할머니가 끓여 주신 개고기를 넣은 국을 참 맛있게 먹었단다."

그러고는 조금 그리운 표정으로 말씀하셨어요.

"그 맛은 이제 안 나. 그저… 할머니가 그리울 뿐이야."

할아버지는 할아버지의 할머니, 즉 나의 고조할머니가

그립다는 말씀을 자주 하셨어요.

마지막으로 어머니가 웃으며 말씀하셨어요.

"다음엔 삼계탕 말고, 추어탕이나 오리백숙 먹으러 가자!"

우리 가족은 시원한 식당에서 따뜻한 삼계탕을 나눠 먹으며, 가족의 사랑을 느끼고 여름의 더위를 함께 이겨 냈어요.

짜장면이 좋아,
짬뽕이 좋아?

✳

"짜장면이 좋아, 짬뽕이 좋아?"라고 물으면 답하기 참 망설여진다. "둘 다 좋아."라고 답하면 좋겠다. 항상 그렇다. 짜장면을 시키면, 짬뽕을 먹고 싶고, 짬뽕이 나오면 이번에는 짜장면도 먹고 싶다. 참 이상하다. 그래서 짬짜면도 있다.

짜장면 한 그릇만 먹어 봤으면 소원이 없겠다던 시절도 있었다. 그러나 요즘은 누구라도 짜장면은 아무 때나 마음만 먹으면 사 먹을 수 있다. 그만큼 다들 잘살게 되었다. 어디 그뿐인가? 짜장라면도 있고, 짜파게티도 있고, 짜파게티에 너구리 라면을 섞어서 만든 짜파구리도 있다. 짬뽕은 또 어떠한가? 홍합짬뽕, 해물짬뽕, 삼선짬뽕, 나가사끼짬뽕, 사천짬뽕, 차돌짬뽕, 심지어 백짬뽕도 있다. 이름만 들어봐도 침이 넘어간다.

그런데 우리는 여기서 삼선 짬뽕에 관심을 가져야 할 필요가 있다. 삼선(三鮮)은 '석 삼' 자에 '고울 선' 자를 쓴다.

세 가지 좋은 재료를 쓴다는 말이다. 그렇다고 꼭 세 가지 재료만 넣는 것은 아니다. 일반 해물짬뽕은 오징어나 홍합 등 흔한 해산물을 사용하지만, 삼선짬뽕에는 해삼, 전복, 관자, 새우 등의 고급 해물을 넣는다. 즉 해물 중에서 비싸고 신선한 해물을 넉넉하게 넣는다는 말이다. 그러니 값도 비싸다. 시간이 되면 삼선 짬뽕 맛집을 찾아가서 먹어 보길 추천한다.

 짜장면과 짬뽕은 외식 별미다. 물론 배달도 된다. 그렇지만 직접 중국집에 가서 먹는 음식이 맛있다. 배달 음식은 오다가 식고, 불고, 늘어붙기도 한다. 그렇지만 어디까지나 별미로 가끔 먹어야 맛있다. 너무 자주 먹게 되면 금방 물린다. 그리고 너무 자주 먹으면 건강에 좋지도 않다. 면은 정제 탄수화물 아닌가! 짜장면에 들어가는 짜장 원료도 너무 기름져서 느끼하고 몸에 그리 좋다고는 할 수 없다.

짬뽕 면도 마찬가지로 너무 자주 많이 먹으면 좋지 않다. 건강 걱정만 아니라면, 짬뽕 면은 그저 예찬 덩어리다. 면도 맛있을 뿐 아니라, 홍합이나 여러 해물은 얼마나 맛있는가! 맛있는 재료로 우려낸 국물은 얼마나 구수한가! 잊을 수가 없다. 그러나 국물이 맛있다고 해서 국물을 끝까지 마시는 것은 좋지 않다고 한다. 국물 속에는 나트륨이 많이 함유되어 있어서 건강에 그리 좋다고 할 수 없다. 그래서 짜장면과 짬뽕도 가끔 먹고, 천천히 먹고, 무엇보다 운동을 꼭 해야 한다. 먹고 난 후에 바로 잠을 자면 안 된다. 큰일 난다.

먹고 싶은 토마토
비싸서 못 사 먹어요

✳

아직은 토마토가 제철이 아니라서 비싸다, 추운 겨울에 토마토를 하우스에서 기르려면 난방비가 많이 들기 때문에 아무래도 비쌀 수밖에 없다. 그래서 마트의 토마토를 몇 달째 쳐다보고만 돌아온다. 토마토의 상큼하고 시원한 맛을 언제나 맘 놓고 맛볼 수 있을까! 농촌에서 힘들게 농사짓는 농부를 생각한다면 비싸서 못 사 먹는다는 말은 미안하기 짝이 없다. 농산물이 제값을 받아야 농촌의 농부도 잘살 수 있기 때문이다. 머리로는 이해가 가지만 그래도 주머니 사정이 넉넉지 않으면 구매를 망설이는 것이 인지상정이다.

토마토가 어지간히 비싸더라도 맛있으면 사 먹게 된다. 그런데 요 몇 달 마트에 나온 토마토가 영 시원찮다. 제철이 아니라서 그렇기는 하지만 무슨 토마토가 공장에서 찍어 낸 것 같은 모양도 똑같은 토마토다. 시각적으로도 맛 없게 보이고, 실제로 먹어도 껍질이 단단하기만 하고, 맛대 가리라고는 하나도 없다. 그래서 조금 비싸더라도 3월 말 에 나오기 시작하는 대저 토마토를 사 먹게 된다. 대저 토 마토는 부산 대저동에서 재배된 토마토를 말한다. 엊그제 는 그 대저 토마토를 사 먹었다. 마트에서 세일 행사를 하 는 바람에 값이 좀 괜찮았다. 토마토를 한입 무는 순간 어 찌나 맛있던지, 그 한입이 2만 원짜리 값을 했다. 마치 생 선 횟집에서 맛있는 회 한 점을 입에 넣었을 때 만족스러 운 감칠맛이 느껴지면, 그 회 한 점 값이 10만 원 값을 하 는 것과 같은 맛이었다. 콘서트에서 유명 가수가 부르는 노래 첫 소절이 탁월한 음색과 가창력으로 귓가를 울리면 나머지 두 시간 넘게 부르는 노래를 들어 보지 않더라도 이미 20만 원의 입장 요금을 뽑은 것이나 다름없는 경우 가 그것이다.

농부들의 노력 덕분에 이른 봄부터 맛있는 토마토를 먹을 수 있어서 참 좋은 세상이다. 그래도 진짜 토마토는 제철에 먹는 것이 더 맛있다. 제철 토마토는 당연히 값도 좀 싸다. 제철 토마토는 산지에 직접 가서 사 먹는 편이 좋다. 아무리 제철이라도 마트에서는 유통과 보관이 유리한 토마토를 주로 취급하기 때문에 보관 기간이 길고 껍질이 단단한 토마토를 취급하는 경향이 있다. 그래서 맛있는 토마토를 마트에서 사 먹기는 쉽지 않다. 토마토는 나무에서 완전히 익어야 맛있는데, 그런 토마토는 마트까지 운반하는 동안에 너무 익어 버리거나, 터지거나, 썩어서 상품 가치가 떨어진다. 그래서 마트에서 파는 토마토는 빨갛게 익기 전에 미리 수확하여 유통 과정에서 익게 된다. 그래서 맛이나 영양 면에서 산지에서 사 먹는 토마토보다 못하다. 그렇다고 산지까지 가기에는 많은 시간과 비용이 요구된다. 그래서 그냥 마트에서 토마토를 사 먹게 된다.

사람은 태어나면서부터
악하다, 착하다?

✳

사람은 태어나면서부터 일단 운다. 울지 않으면 큰일이다. 뭔가 잘못된 거다. 혹시라도 태어난 아기가 울지 않으면 응급상황이 되는 것이다. 그러나 막 태어나서 울지 않던 아기들의 대부분도 약간의 조치만으로 울게 되고 만다. 아기의 우는 소리를 듣고 나서야 사람들은 안심하게 된다. 왜 신생아는 태어나자마자 우는가? 기분 나쁜 경험을 한 것일까, 추워서 그런가, 본래 성질이 고약해서 울음으로 화를 푸는가? 그런 것이 아니고, 신생아는 출생 직후 울면서 폐로 공기를 들이마시고 정상적인 호흡을 시작한다고 한다. 그러니 신생아가 우는 것은 "저는 이제 살았어요."라고 신고하는 것이다. 그러니 모두가 축하할 일이다.

앞에서도 잠깐 얘기했지만, 사람은 태어나면서부터 착할까, 나쁠까? 어떤 사람은 말하기를 사람은 태어나면서부터 착하다고 하고, 어떤 사람은 그와 반대로 말한다. 이것을 성선설, 성악설이라고 한다. 어느 말이 맞는 걸일까?

내 생각은 성선설도 아니고, 성악설도 아니라고 본다. 나는 유전설이라고 본다. 사람은 태어날 때 부모의 성격을 많이 닮고 태어난다. 부모가 착하면 태어난 자녀도 착하고, 부모가 악하면 태어난 자녀도 악하다. 그렇다면 태어날 때의 성격이 평생토록 가는가? 이 또한 아니라고 본다. 주변 환경의 영향을 많이 받으면서 성격이 형성된다. 일종의 환경설 또는 환경 영향설이다. 예를 들어, 착한 부모에게서 착하게 태어났지만 어쩌다 주변의 나쁜 친구나 나쁜 이웃과 함께 많은 시간을 보내면서 자라게 되면 원래보다 나빠질 확률이 높다. 이와 반대의 경우도 마찬가지다.

아무튼, 처음부터 나쁘게 태어났건, 처음에는 착하게 태어났는데 나쁜 환경으로 인하여 나쁘게 되었건, 어른들은 아이들이 착하고 바르게 자라도록 지도해야 한다. 즉, 부모님이나 학교의 선생님들은 아이들이 현재의 성격보다는 더 좋아지도록 가르쳐야 한다. 인품이 약간 부족한 부모일지라도 본인의 자식들은 바르게 자라도록 지도하고 싶은 마음이 있을 것이다. 마찬가지로 학교의 선생님들도 본인은 약간 부족한 면이 있더라도 학생들은 좀 더 바른길로 안내하려고 노력한다.

사람의 성격은 평생 여러 번 변한다는 말이 있다. 물론,

여기서 말하는 성격은 선하다느니, 악하다느니만 말하는 것이 아니다. 내성적인 것과 외향적인 것 등 모든 면을 말한다. 요즘 유행하는 'MBTI'를 포함한다. 따라서 사람은 나이가 많건 적건 간에, 누구든지 교육을 통해서 또는 독서나 인격 수양을 포함한 각자 개인의 의지와 노력으로 얼마든지 선하고 바르게 변할 수 있다.

우리는 주변에서 인품이 훌륭한 사람을 만나는 일이 가끔 있다. 나이가 어리건 많건 간에 말이다. 그런 훌륭한 사람의 반의반도 따라가기 어려운 우리 같은 보통 사람들은 그냥 감탄할 뿐이다. 그냥 존경할 뿐이다. 우리 세린초등학교 어린이나 선생님 중에서도 이런 훌륭한 사람이 이미 꽤 있다. 앞으로도 더 많이 나왔으면 좋겠다. 항상 기도하고 응원하고 본받으려 노력하며 도와주겠다.

파프리카를 먹어 봐요!

✽

지난겨울에는 파프리카가 너무 비쌌어요. 그림의 떡이었어요. 마트에서 한 개에 3,000원이 넘기도 했지요. 그래서 그땐 파프리카 대신 배추를 사서 먹었어요. 큰 배추 한 통은 4,000원쯤 했고, 한 번 사면 며칠 동안 먹을 수 있었어요. 배추를 사 오면 겉잎은 버리고, 질긴 잎은 된장찌개에 넣어 끓여 먹었어요. 속잎은 아삭아삭 생으로 씹어먹었지요. 배추를 먹으면 몸에 좋은 비타민도 생기고, 똥도 잘 나오게 도와줘요. 그래서 아주 건강에 좋아요.

그런데 7월에 들어서면서 파프리카 값이 많이 내려갔어요. 어른 주먹보다도 큰 파프리카 한 개가 950원밖에 안 해요! 이렇게 쌀 때는 많이 먹어 두는 게 좋아요. 농부 아저씨들은 마술사 같아요. 어떻게 이렇게 파프리카를 잘 키우셨을까요? "농부님, 감사합니다." 하고, 고개가 저절로 숙여져요.

파프리카는 색도 예쁘고 맛도 좋아요. 사각사각 씹히는

소리도 참 기분 좋아요. 씹을 때 나오는 즙도 많아서 시원한 느낌이 들어요. 빨간색, 노란색, 주황색, 초록색 파프리카가 있는데, 마트에는 보통 빨강과 노랑이 많이 보여요.

파프리카는 당이 적어서 당뇨병이 있는 어른들도 안심하고 먹을 수 있대요. 하루에 한 개 정도는 괜찮다고 해요. 그리고 식이섬유도 들어 있어서 배가 편하고 건강에도 좋아요. 색깔마다 좋은 점도 달라요.

빨간 파프리카는 비타민이 많고, 노랑과 주황 파프리카는 눈 건강에 좋고, 초록 파프리카는 살을 빼고 싶은 사람에게 좋다고 해요.

하지만 너무 많이 먹으면 안 돼요. 그냥 생으로 아삭아삭 씹어 먹는 게 제일 좋아요. 주스로 만들어 마시는 건 별로 좋지 않아요. 날씨가 추워지면 파프리카는 또 비싸질지도 몰라요. 지금처럼 쌀 때, 맛있게 많이 먹어 봐요! 우적우적, 같이 먹어요.

거짓말은 왜 해요, 아빠?

✳

미지: 아빠, 사람들은 왜 거짓말을 해요?

아빠: 음, 거짓말을 한 번도 안 해 본 사람은 거의 없을 거야. 아빠도 어쩌다 거짓말을 한 적이 있어. 물론 좋은 일은 아니지.

미지: 그런데 TV에서도 보면 연예인이나 정치인들이 '거짓말했네, 안 했네', 하면서 싸우잖아요? 왜 그렇게 자꾸 거짓말을 할까요?

아빠: 맞아. 요즘은 정말 많은 사람이 거짓말을 해. 어떤 사람은 자기가 불리해질까 봐, 혼날까 봐 또는 자기 이익을 지키기 위해서 거짓말을 하기도 해. 진실을 말하면 손해 볼 것 같을 때, 순간적으로 거짓말이 더 낫다고 생각할 수도 있지.

미지: 그럼 아빠는 그런 상황에서 거짓말한 적 있어요?

아빠: 솔직히 말하면, 그런 적이 있어. 하지만 거짓말을 하고 나면 마음이 편하지 않아. 괜히 찝찝하고, 미안하고, 그래서 나중에 반성하게 돼.

미지: 반성하면 괜찮은 거 아니에요?

아빠: 반성하는 건 좋지만, 그렇다고 해서 잘못이 사라지진 않아. 그리고 거짓말은 대부분 나중에 들통나게 되어 있어. 그럼, 사람들이 '저 사람은 믿을 수 없어' 하고 생각하게 되지. 신뢰를 잃는다는 건 다시 회복하기 정말 어려운 일이야.

미지: 그럼, 애초에 거짓말 안 하는 게 낫겠네요.

아빠: 그렇지. 근데 거짓말을 안 하려면 처음부터 잘못된 일을 안 하는 게 더 중요해. 잘못을 안 했다면 굳이 거짓말할 필요가 없으니까.

미지: 사람들이 흔히 하는 잘못은 뭐가 있어요?

아빠: 한마디로 말한다면, 법을 어기고 남을 속이는 잘못이지. 예를 들면, 뇌물을 준다거나 받는다거나, 남의 물건을 몰래 가져간다거나, 친구를 험담한다거나, 약속을 안 지키거나, 용돈을 함부로 쓰거나, 규칙을 어긴다거나, 누군가를 때리는 행동 같은 거야. 이런 잘못이 생기면 숨기려고 거짓말을 하게 되는 거지.

미지: 아하! 그럼 그런 잘못을 안 해야 거짓말도 안 하게 되겠네요.

아빠: 맞아! 거짓말을 하지 않으려면 먼저 바르게 행동하려는 마음이 필요해. 정직한 마음으로 행동하면 거짓말을 할 일이 줄어들게 돼.

미지: 저도 앞으로 거짓말 안 하고, 바르게 살도록 노력할래요!

아빠: 그래, 우리 딸 참 기특하네. 정직하게 살고자 하는 마음가짐이 중요하단다. 그것이 가장 바르고 멋진 길이거든.

한턱내기

*

정민이는 엄마, 아빠와 함께 청주에 있는 외할머니댁에 갔어요. 오늘은 외할머니 생신이라 이모와 삼촌 가족도 함께 모이는 날이거든요. 정민이는 할머니와 할아버지를 빨리 보고 싶어 차가 느리게 가는 것처럼 느껴졌어요. 드디어 한 시간 조금 넘게 달려 외갓집에 도착했어요. 반가운 할머니와 할아버지께 인사를 드렸지요. 영월에 사시는 삼촌네는 어제 미리 도착해서 하룻밤을 주무셨다고 해요. 얼마 지나지 않아 공주에서 이모와 이모부 그리고 사촌인 현서 누나도 도착했어요.

가볍게 인사를 나눈 뒤, 예약해 둔 식당으로 향했어요. 그곳은 청주에서 가족 모임으로 유명한 맛집이었어요. 자리에 앉자마자 케이크에 촛불을 켜고 생신 축하 노래를 불렀어요. 할머니께서 환하게 웃으시는 모습을 보니 저도 참 기분이 좋았어요. 음식은 역시 소문대로 맛있었어요. 특히 갈비찜과 갈치조림은 왜 이 식당이 맛집으로 불리는지 단번에 알 수 있게 해 주었지요.

배가 터질 만큼 맛있게 많이 먹었는데도, 삼촌이 "한턱 내겠다"며 근처 카페에서 후식을 사 주셨어요. 엄마 말씀으로는 삼촌이 최근에 승진을 해서 '승진 턱'을 낸 거래요. 삼촌은 가격 걱정은 말고 원하는 걸 마음껏 고르라고 기분 좋게 웃으며 말씀하셨어요. '아아, 뜨아, 캐러멜마키아토, 쿨허벌' 같은 음료들이 주문되었고, 저는 달콤한 팥빙수를 시켰어요. 삼촌께 몇 번이나 고맙다고 인사드렸고, 승진도 진심으로 축하드렸어요.

식사를 마친 후 다음 만날 날을 약속하고 각자 집으로 향했어요. 돌아오는 차 안에서 저는 아빠에게 "어른들은 어떤 때 한턱을 내요?" 하고 여쭤보았어요. 아빠는 결혼, 승진, 시험 합격, 사업 번창, 주식 대박 같은 좋은 일이 있을 때 한턱을 낸다고 말씀해 주셨어요. 작년에는 아빠도 새 차를 뽑았다고 아빠 형제를 만났을 때 한턱을 쏜 적이 있었는데, 그때도 큰아버지와 고모님이 기분 좋게 드셨다고 해요.

가만히 생각해 보니, 아이들도 가끔 한턱을 내는 일이 있어요. 지난번에 상현이는 소년체전에서 금메달을 땄다고,

상현이 엄마가 같은 반 친구들에게 피자를 쏘셨고, 난숙이는 한국사 2급 시험에 합격했다고 단짝 친구들에게 르방 빵집에서 단팥빵으로 한턱냈어요.

아빠는 마지막으로 이렇게 말씀해 주셨어요.

"잘돼서 한턱을 낸다는 건 정말 좋은 거란다. 내는 사람도 기분이 좋고, 받는 사람은 축하의 마음을 함께 나누는 거니까. 꼭 돈이 많아서 한턱을 내는 건 아니야. 돈이 많지 않아도 아낌없이 베푸는 사람이 있는가 하면, 돈이 많아도 아까워서 못 내는 사람도 있지. 그런데 한 가지 기억해야 할 게 있어. 한턱은 자기가 기분 좋을 때 자발적으로 내야 해. '내가 낼게'라는 말은 좋지만, '네가 내'라고 강요하면 안 돼."

저는 아빠의 말씀을 들으며 '한턱'이 단순한 밥 한 끼, 차 한 잔이 아니라, 마음을 나누는 일이라는 걸 깨달았어요.

두꺼비 선생님

제일 좋아하는 과일은 복숭아

우리나라 사람들이 좋아하는 최고의 과일은 사과다. 사과는 요즘은 거의 1년 내내 먹는다. 나도 사과를 좋아하고, 거의 1년 내내 먹는다. 그렇지만 내가 가장 좋아하는 과일은 복숭아다. 복숭아는 달고 즙이 많이 나온다. 즙이 줄줄 흐른다. 딱딱한 복숭아를 좋아하는 사람도 있지만, 나는 물이 줄줄 나오는 부드러운 복숭아가 좋다.

내가 어렸을 때 우리 집에도 복숭아나무가 두 그루 있었다. 일종의 개복숭아다. 크기도 작고, 맛도 덜하다. 완전히 맛나게 잘 익은 복숭아를 따 먹은 기억이 없다. 크기도 전에, 익기도 전에 따 먹었다. 그러니 맛이 없었을 것이다. 집에 있는 나무에서 딴 복숭아보다 조금 맛있는 복숭아를 먹는 기회도 있었다. 황등장에서 사 먹는 복숭아다. 황등장에서 복숭아를 사 먹으려면 돈을 만들어야 한다. 고구마 순을 벗겨야 한다. 밤새 고구마 순을 벗겨서 다음날 장에 내다 팔고, 그 돈으로 복숭아를 사 먹는 거다. 이 복숭아도 맛 좋은 복숭아는 아니었다. 작고, 풍신나고, 벌레 먹고, 털도 많다. 집에서 따 먹는 복숭아보다 약간 맛있는 정도다. 이따위 복숭아를 사 먹자고 밤새 고구마 순을 벗겼단 말인가! '이런 거라도 먹어야 하는가, 안 먹고 고구마 순을 벗기지 않는 편안함이 나은가'를 양자택일해야 했다. 물론 할머니는 후자를 선택한 것이다.

복숭아는 품종에 따라 수확 시기가 약간씩 다르기는 하지만, 보통 7월 초부터 9월 중순까지 먹는다. 8월 초순 무렵에 가장 많이 수확되어 출하되기 때문에 이때가 가장 값이 적당하다. 가격이 적당할 때 한 개라도 더 먹어 두는 것이 좋다. 9월에 들어서면 아무래도 복숭아 수확이 뜸해져서 가격이 올라가게 된다. 1년 중 가장 더울 때 복숭아를 수확하기 때문에 복숭아 농부는 그 어떤 농부보다 힘든 일을 하는 농부라고 생각된다.

복숭아도 당도가 높은 과일이기 때문에 당뇨가 있는 사람은 아무래도 조심하지 않을 수 없다. 그렇지만 어지간해서 당뇨가 걱정일 정도로 복숭아를 많이 먹는 사람은 흔치 않을 것이다. 그러나 대형 마트에서는 복숭아를 한두 개씩 판매를 잘 하지도 않지만, 한두 개씩 구매하는 것보다 상자로 구매하면 보다 싼 값에 구매할 수 있어서 한꺼

번에 많은 수의 복숭아를 사서 먹게 되는 경우가 있다. 여럿인 식구가 복숭아를 좋아해서 다 같이 먹게 되면 복숭아 처리 문제가 쉽게 해결되지만, 그렇지 않으면 복숭아를 썩지 않고 마르지 않게 잘 보관하는 기술이 필요하다. 그래야 복숭아를 오래 두고 먹을 수 있다.

에스컬레이터에서 뛴 토끼

✻

지우는 오늘도 엄마와 함께 마트에 갔어요. 장을 다 보고 나올 때, 에스컬레이터를 타게 되었지요. 그런데 그 순간!

"쿵! 쿵! 쿵!"

누군가 에스컬레이터에서 막 뛰어 내려가는 소리가 들렸어요. 지우는 깜짝 놀랐어요. 엄마는 걱정스레 말했어요.

"아이구, 누가 이렇게 에스컬레이터에서 뛰어다닐까?"

"엄마, 왜 에스컬레이터에서 뛰면 안 되는 거예요?"

지우가 물었어요.

엄마는 조용히 웃으며 말했어요.

"에스컬레이터는 가만히 서서 타는 기계야. 걸어가거나 뛰면 고장도 잦고, 다른 사람들도 위험해질 수 있거든."

"그런데 아까 저 아저씨는 뛰었잖아요."

"그래. 그런데 잘못된 행동을 보고 우리도 따라 해선 안 되겠지."

그날 밤, 지우는 이상한 꿈을 꾸었어요. 꿈속에서 지하철역처럼 생긴 '에티켓 마을'에 도착했어요. 거기에는 동물 친구들이 잔뜩 있었지요.

에스길레이티 앞에는 '걷지 마세요, 뛰지 마세요!'라는 표지판이 붙어 있었어요. 그런데 토끼 한 마리가 눈 깜짝할 사이에 '휙!' 하고 뛰어 내려갔어요.

"아이고! 또 토끼야!"

코끼리 경찰 아저씨가 말했어요.

"이렇게 뛰다가 누군가 넘어지기라도 하면 큰일 난다고 몇 번을 말했니?"

다른 동물들도 토끼를 보며 웅성웅성했어요.

"위험해!"

"예의가 없잖아!"

"왜 저러는 거야!"

그때 지우는 조심스럽게 말했어요.

"근데… 우리 중에 에스컬레이터에서 한 번도 걷거나 뛰지 않은 친구가 있을까요?"

모두 조용해졌어요.

곰 아줌마가 손을 들었어요.

"사실 나도 예전에 전철 시간이 다급해서 한 번 뛰어 본 적이 있어."

다람쥐도 말했어요.

"나도 전에 앞에 있는 동물이 걸어가서 어쩔 수 없이 걸어 본 일이 있어."

그제야 모두 고개를 끄덕였어요.

"토끼가 잘못한 건 맞지만," 지우가 말했어요,

"우리도 한 번쯤 실수한 적이 있다면, 먼저 화내기 전에 스스로 돌아봐야 하지 않을까요?"

그러자 코끼리 경찰 아저씨가 고개를 끄덕이며 말했어요.

"맞아. 잘못을 지적하는 것도 중요하지만, 먼저 나부터 바르게 행동하는 게 더 중요하지."

그 순간 토끼가 고개를 숙이고 말했어요.

"미안해요. 저도 잘못한 걸 알았어요. 다음부터는 꼭 조심할게요."

그러자 지우는 천천히 입을 열었어요.

"사실 우리는 보통 다른 사람들의 잘못은 쉽게 비난하면서, 자신들의 잘못은 잘 인식하지 못해요. 그럴 때마다 나는 이런 이야기가 떠올라요. 아주 옛날, 어떤 마을에 큰 잘못을 저지른 여인이 있었대요. 마을 사람들은 그 여인을 끌어내어 욕하고 비난하면서, 돌을 던져 죽여야 한다고 했어요. 그때 누군가 이렇게 말했대요. '너희 가운데 죄 없는 자가 먼저 저 여인에게 돌을 던져라.'"

지우는 친구들을 바라보며 말을 이었어요.

"이 세상에 죄를 한 번도 안 지은 사람은 거의 없잖아요. 우리도 누군가를 비난하기 전에, 먼저 스스로 돌아봐야 해요."

곰 아줌마가 조용히 말했어요.

"그렇다고 죄를 지어도 무조건 용서해야 한다는 말은 아니겠지?"

지우는 고개를 끄덕였어요.

"맞아요. 잘못한 사람은 그에 맞는 책임을 져야 해요. 에스컬레이터에서 걷거나 뛴다고 해서 큰 죄는 아닐 수 있지만, 누군가 다치게 했다면 그건 책임져야 할 일이에요."

코끼리 경찰 아저씨가 진지하게 말했어요.

"법을 어긴 건 아니더라도, 안전을 위협하면 그건 분명한 문제지. 조심해서 나쁠 건 없거든."

지우는 웃으며 말했어요.

"우리 모두 조금씩 조심하면, 에스컬레이터도 안전하고 기분 좋게 탈 수 있을 거예요!"

그리고 눈을 깜빡이자, 지우는 다시 자기 방으로 돌아와 있었어요.

다음 날, 지하철역에서 에스컬레이터를 탈 때, 지우는 가만히 서서 생각했어요.

'나부터 조심해야 다른 사람도 조심하지.'

방귀 이야기

*

사람들은 흔히 '방구 뀐다'라고 하지만, 표준어는 '방귀'이다. 영어를 써서 '히프 송'이라고 장난삼아 말하는 이도 있고, '쌍 바윗골의 함성'이라고 거창하게 말하는 사람도 있고, '똥 뀐다'라고 말하는 사람도 있다. 또, '방귀가 잦으면 똥 나온다'라고 하기도 하고, '방귀 뀐 놈이 성낸다'라고 말하기도 하고, '방귀를 텄느니 안 텄느니' 말하기도 한다.

방귀를 텄다는 말은 아이들의 경우로 예를 들면, 아이들은 집에서 부모님이 계시건, 형이나 동생이 있건, 아무런 거리낌이나 부끄러움 없이 방귀를 '뿡뿡' 뀐다. 그러면 이것은 가족에게 방귀를 튼 것이다. 그렇지만 학교의 교실에서 방귀를 '뿡뿡' 뀌는 아이는 거의 없다. 이것은 아직 방귀를 터놓지 않은 것이다. 신혼부부의 경우, 결혼하고 처음 몇 년간은 방귀를 트기가 쉽지 않다. 그렇지만, 해가 갈수록 서로가 부끄러움이 적어지면 방귀를 '뿡뿡' 뀌는 경우가 잦아지게 되는데, 이러면 방귀를 튼 것이다.

나도 집에서는 방귀를 '뿡뿡' 잘 뀐다. 그렇지만 거실에서 아내나 아이들 앞에서 방귀를 뀌면 좋아하는 사람은 아무도 없다. 남편으로서, 아버지로서 채신이 떨어지기도 한다. 어떤 때는 아무 데서나 방귀를 뀐다고 핀잔을 듣기도 한다. 그래서 방귀가 나올 것 같으면 방으로 뛰어가는데, 결국은 뛰어가다가 '뿡뿡뿡' 방귀를 다 뿌리고 만다. 이러면 체면이 말이 아니다.

어떤 사람들은 제수 앞에서도, 형수 앞에서도, 처제가 있건, 매형이 있건, 심지어 사돈 앞에서도 방귀를 '뿡뿡' 뀌는 사람도 있다고 한다. 어쩌다 한두 번이면 모르지만 자주 그러면 제수도, 형수도, 처제도, 매형도 흉을 볼지도 모른다.

그런데 사실 방귀는 참으면 건강에는 좋을 것은 없다. '뿡뿡뿡' 방귀를 시원하게 뀌어야 건강한 것이다. 그래서 고민이 생긴다. 건강을 생각해서 '뿡뿡뿡' 뀌어야 할지, 체면을 생각해서 참아야 할지. 그래서 사람들은 소리가 안 나게 방귀를 뀌려고 많은 노력을 하는데, 그러다가 결국은 '뿌우우웅' 하고 소리를 내고 만다. 아마 이런 경우라면 모든 사람이 이해해 줄 것 같다.

그런데 어떤 사람들은 "내 방귀는 냄새가 안 난다"라고 억지 주장을 한다. 그런데 알고 보면 다들 자기 방귀는 냄새가 안 난다고 한다. 그리고 이런 주장은 사실일 리가 거의 없다고 봐야 한다. 물론 대장에서 나오는 가스에 따라, 또는 무엇을 먹었는지에 따라 방귀 냄새는 더 날 수도 덜 날 수도 있다. 그리고 방귀 냄새가 너무 지독하면 대장을 비롯한 소화 기관에 문제가 있다는 신호일 수도 있으니, 본인의 건강은 본인이 잘 살펴봐야 한다.

백령도를 다녀와서-
까나리볶음

*

마침내, 백령도의 바람을 맞고 돌아왔다. 번갯불에 콩을 튀기듯 말 한마디에 훌쩍 떠났던 짧고도 강렬한 여정이었다. 오랫동안 마음속에 품고 있던 여행지는 아니었다. 그저 어느 날, 무심한 듯 던져진 "백령도 가자"는 말이 바람이 되어 우리를 섬 끝으로 이끌었다. 신기하게도 일행 누구 하나 이의를 제기하지 않았다. 아마도 우리 모두 말은 하지 않았지만, 각자의 마음 저편에 백령도를 품고 있었는지도 모른다.

출발 전날 밤, 인천항 연안여객터미널 인근의 낯선 숙소에서 하루를 묵었다. 이른 아침, 한산한 터미널에 도착하니 여행이 시작되었다는 실감이 조금씩 밀려왔다. 평일의 여유 덕에 주차장은 넉넉했고, 사람들로 북적이지 않는 터미널은 시간에 쫓기지 않는 마음의 여백을 허락해 주었다. 급하게 서두르지 않아도 되는 여행은 이미 절반의 성공이었다.

오전 8시 30분. '코리아프라이드호'가 부드러운 물살을 가르며 백령도를 향해 출항했다. 하늘은 맑고, 바다는 잔잔했다. 장마철임에도 유난히 청명했던 그날의 하늘은 마치 우리가 떠나기를 기다려 준 듯 비를 멈추고 햇살을 허락해 주었다. 감사의 인사를 속으로 건네며, 우리는 바다 위의 시간에 몸을 맡겼다. 처음엔 바다 건너 섬들의 윤곽이 시야를 채웠지만, 이내 모든 것이 수평선 너머로 사라지고 망망대해만이 펼쳐졌다. 파도 소리조차 조용한 그 고요 속에서 우리는 졸고, 깨어나고, 다시 눈을 감았다. 그렇게 몇 번의 숨을 고른 후, 첫 번째 경유지인 소청도에 닿았다. 몇몇 이들이 조용히 내리고, 또 몇몇이 조용히 올랐다. 잠시 후 대청도에도 같은 정적이 스며들었다.

그리고 정오가 조금 지나, 마침내 백령도가 우리 앞에 모습을 드러냈다. 짙푸른 바다 위에 떠 있는 섬, 그 한가운데에 내려서자마자 '까나리 여행사'의 버스가 기다리고 있었다. 마치 오랜만에 고향을 찾은 이들을 맞이하듯 말이다.

"금강산도 식후경!"이라는 옛말은 역시 옳았다. 시장기의 배를 이끌고 도착한 식당에서 굴순두부찌개의 담백한 국물은 속을 달래 주었고, 까나리볶음이라는 이름의 반찬은 단숨에 우리의 젓가락을 사로잡았다. 멸치처럼 딱딱하지도, 코다리처럼 퍽퍽하지도 않은, 고소하고도 달큼한 그 맛은 바다와 땅이 긴 시간 빚어낸 선물 같았다.

첫 번째로 향한 곳은 심청각이었다. 맹인 아버지를 위해 인당수에 몸을 던진 효녀 심청의 넋을 기리는 그곳. 저 멀리 바다의 끝자락은 안개 속에 잠긴 듯 희미했지만 바람은 숨죽인 듯 고요했고, 햇살은 어머니의 손길처럼 은근히 따스하고 부드럽게 빛났다. 기념관을 둘러보고, 멀리 장산곶이라는 북한의 땅을 어렴풋이 바라보며 우리는 묘한 감정에 잠겼다.

이후 찾아간 중화동 교회는 한국에서 두 번째로 오래된 교회라 했다. 시원한 계단을 따라 올라가며, 시간이 건축물 속에 남긴 주름들을 읽었다. 외벽의 담백한 벽돌 하나하나, 내부에 번진 조용한 공기는 모두 오래된 기도의 향기를 머금고 있었다. 천안함 46용사의 넋을 기리는 위령탑과 연화리 해안도 잠시 찾았다. 이름만 남기고 흘러간 용사들을 기리는 바람은 유난히 차분했다.

백령도를 다녀와서-
두무진 유람선

✳

　백령도 여행의 백미는 역시 두무진 유람선 관광이었다. 98명이 탈 수 있는 아담한 유람선. 이 배를 이끄는 이는 놀랍게도 한 여성 선장이었다. 그녀는 조타기를 잡은 채 해설 방송까지 직접 맡았다. 유명 TV 앵커처럼 부드럽고 따뜻한 목소리는 파도 소리를 뚫고, 조용하지만 명확하게 우리의 귀에 그리고 가슴에 들어왔다. 해안선을 따라 펼쳐진 절벽과 기암괴석은 마치 오랜 신화 속 한 장면 같았다. 삼대가 덕을 쌓아야 볼 수 있다는 점박이물범도 보았는데, 덕 쌓기가 부족하였던지 물 밖으로 살짝만 내미는 점박이물범의 머리는 너무 멀어서 보았다고 해야 할지, 못 보았다고 해야 할지 애매하였다.

　저녁은 백령도 바다의 보석들로 차려진 자연산 회 정식이었다. 우럭과 노래미를 중심으로 해삼과 소라, 가리비가 함께한 식탁은 단순한 식사가 아닌 하나의 의식 같았다. 긴 하루의 여운을 바닷바람과 함께 씻어내며 숙소로 돌아왔다. 자리에 누우니 파도 소리가 귀 안에서 은은하게 속삭이는 듯하였다.

다음 날 아침, 하늘은 마침내 그간 숨겨 둔 눈물을 꺼내듯 비를 쏟아 냈다. 그러나 그 비는 도리어 여유로웠다. 차츰 빗방울은 작아졌고, 여행은 다시 제 속도를 되찾았다. 백하수오즙을 판매하는 특산물 판매소에 들렀다. 그곳 사람들의 얼굴엔 바닷바람처럼 진솔한 빛이 묻어 있었다. 효능도 효능이려니와, 우리는 그들의 믿음과 땀을 사는 셈이었다.

이윽고 콩돌해변. 작은 콩처럼 둥글고 앙증맞은 자갈들이 해변을 수놓고 있었다. 한 줌쯤 주머니에 넣고 싶었지만, 자연은 함께 누려야 아름다운 법이다. 눈으로 담고, 마음으로 가져왔다. 서해 최북단에 세워진 백령도 탑을 배경으로 기념사진을 찍었다. 그리고 사곶 천연비행장을 둘러보았다. 한때 비행기가 이착륙하던 단단한 모래사장은 이제 자동차 바퀴 자국도 선명히 남을 만큼 물러졌다. 시절이 흐르면, 모래도 마음도 달라지는 법이다.

마지막으로 찾아간 용기포 등대 해변은 백령도의 작별 인사처럼 눈부셨다. 바다와 절벽이 그림처럼 어우러진 그 풍경은 어느 화가의 상상보다도 아름다웠다. 수많은 풍경들이 사진보다 더 선명하게 가슴에 새겨졌다. 점심으로 먹은 메밀 칼국수와 '짠지떡'은 소박하지만 마음이 담긴 한 끼였다. 그렇게 우리는 다시 배에 올랐고, 대청도와 소청도를 거쳐 인천항으로 돌아왔다.

금요일 저녁의 도심은 어김없이 복잡했지만, 우리는 그 혼잡 속에서도 한 조각의 평화를 품고 있었다. 일상을 잠시 벗어나 자연과 친구 그리고 오래전 기억과 다시 만났던 여행. 아무런 이해관계도, 꾸밈도 없는 어릴 적 친구들과의 순수한 동행이었기에 더욱 빛났던 여정. 그리하여 백령도는 우리가 다녀온 섬이 아니라, 우리가 잠시 머물다 온 시간의 이름이 되었다.

망설임 끝에 다녀온 조문

✳

재석: 할아버지, 장례식장엔 잘 다녀오셨어요?

할아버지: 그래, 재석아. 오늘은 할아버지가 왜 장례식장에 다녀오게 되었는지 이야기해 줄게. 사실 가기로 마음먹기까지 참 많이 망설였단다. 어제 아침, 할아버지의 고모님, 그러니까 재석이에게는 증조 고모할머니께서 돌아가셨다는 소식을 받았단다. 큰할아버지가 카톡 문자로 알려 주셨어. 장례식장은 영등포구청역 근처였지. 먼 곳은 아니었지만, 갈까, 말까, 마음이 참 복잡했단다.

재석: 왜요? 그냥 조의금 돈만 보내도 되는 거 아니에요?

할아버지: 그럴 수도 있지. 하지만 증조 고모할머니는 할아버지가 어릴 적부터 무척 잘 챙겨 주시던 분이었어. 작년에 부여 친척 결혼식에서 마지막으로 뵈었는데, 그때도 따뜻하게 맞아 주셨지. 그래서 그냥 조의금만 보내는 건 마음에 걸렸단다. 마지막 인사를 꼭 드리고 싶었어.

재석: 어제도 다녀올까 하고 망설이셨잖아요?

할아버지: 그래, 맞아. '어제 갈까, 오늘 갈까?' 하고 망설였었지. 어제는 장례식 첫날이라 정신없을 것 같아서, 하루 미뤄서 오늘 가기로 했지. 그리고 다시 망설였어. '퇴근 전에 한가할 때 들를까, 아니면 저녁에 가는 게 나을까?' 결국, 저녁에 가기로 했단다. 그게 다른 친척들도 더 많이 만날 수 있을 것 같아서.

재석: '할머니랑 같이 갈까?' 하는 것도 망설이셨죠?

할아버지: 응. 그것도 고민했단다. '혼자 다녀올까?' 하다가, 할머니도 증조 고모할머니와 가까운 사이였으니 함께 가는 게 좋겠다고 마음먹었지.

재석: '지하철 탈까, 승용차로 갈까?'도 망설이셨겠네요?
할아버지: 정말 재석이는 눈치가 빠르구나. 지하철을 타면 50분, 차로 가면 80분쯤 걸릴 것 같았어. 그런데 비가 조금 와서 도로가 막히는 것이 걱정되어 지하철을 선택했지. 지하철 안에서도 한 번 더 고민했어. '신논현역에서 갈

아탈까, 익숙한 강남역에서 갈아탈까?' 결국 익숙한 강남 역에서 갈아탔지. 익숙한 게 마음도 편하더라.

재석: 장례식장에서는 큰절을 하셨어요, 아니면 묵례만 하셨어요?

할아버지: 그것도 참 고민됐단다. 예전엔 고인의 영정에 큰절을 두 번 올리고, 상주와도 맞절을 했는데, 요즘은 간소화되었지. 상주도 무릎 꿇는 게 힘들고, 조문객도 많으니까. 그래서 조용히 고개 숙여 인사하는 묵례로 마지막 인사를 드렸단다.

재석: 장례식장 분위기는 어땠어요?

할아버지: 비가 내려서 그런지, 이른 저녁 무렵엔 조문객이 많지 않았어. 상주는 증조 고모할머니의 외동딸, 그러니까 할아버지의 사촌 누님 한 분이셨지. 그분의 남편과 두 아들도 함께 계셨고. 저녁을 먹는 동안 증조 고모할머니 이야기를 나눴단다. 103세까지 장수하셨고, 치매는 좀 있으셨지만 돌아가시기 전날까지 조용히 평온하셨다더구

나. 그 이야기를 듣고서 마음이 조금 편해졌지.

재석: 수고 많으셨어요. 증조 고모할머니는 천국에 잘 가셨을 것 같아요.

할아버지: 그래, 재석이 말이 맞다. 그분은 분명 천국에 가셨을 거야. 이제 와 돌아보니, 그렇게 많은 망설임 끝에 조문 다녀오길 정말 잘했다는 생각이 드는구나.

익산-평택 고속도로,
예산예당호휴게소

*

7월 26일 토요일 아침, 할아버지, 할머니, 아버지, 어머니, 나, 이렇게 다섯 식구는 고속도로 휴게소 맛집 투어에 나섰다. 이번 투어는 개통한 지 얼마 되지 않은 익산-평택 고속도로에 있는 휴게소 맛집들을 둘러보는 여정이다. 할아버지께서 가장 들떠 계셨다. 고향인 익산 삼기까지 가볼 예정이기 때문이다. 맛집 투어인 만큼 아침밥도 고속도로 휴게소에서 먹기로 했다.

아버지께서는 "익산-평택 고속도로는 현재 평택-부여 구간까지만 개통되어 있고, 부여-익산 구간은 2029년에 착공하여 2034년에 개통될 예정이라, 할아버지께서 완전히 개통된 고속도로를 이용하려면 앞으로도 더 오래 기다리셔야 할 것 같다. 그렇다 하더라도 이 고속도로는 서해안고속도로와 천안논산고속도로 사이의 내륙에 위치해 있어, 서해대교와 차령터널 구간의 만성적인 교통 체증을 조금이나마 줄일 수 있다는 점에서 큰 의미가 있다"라고 말씀하셨다.

토요일 아침이라 경부고속도로는 이미 나들이 차량들로 가득 차 있었다. 다행히 익산-평택 고속도로로 향하기 위해 동탄 JC를 빠져나오는 구간부터는 차량의 속도가 빨라졌다. 우리가 아침 식사를 위해 들른 곳은 예산 사과와 예당호 출렁다리로 유명한 충남 예산의 '예산예당호휴게소'다. 휴게소 주차장에 차를 세우고 내리자, 일기 예보에서 예고한 최고 기온 38도의 위세가 실감 났다. 우리는 재빨리 휴게소 안으로 뛰듯이 들어갔다.

어머니께서는 아침밥으로는 비교적 간단한 국밥류가 제격이라 하셨고, 우리는 그 의견에 찬성하였다. 키오스크에서 '서○댁'이라는 코너의 김치찌개와 순두부찌개를 주문하고, '○○덮밥' 코너에서는 소불고기덮밥과 제육구이덮밥을 주문하여 서로 나눠 먹었다. 할머니께서는 음식을 드시면서, "가격도 1만 원대로 적당하고, 음식도 매우 깔끔하고, 짜거나 맵지 않아 좋고, 특히 콩자반 반찬도 딱딱하지 않은 등, 음식이 어린아이부터 어르신까지 누구나 거부감 없이 먹을 수 있는 맛이다."라며, "오늘 휴게소 투어는 시작부터 맘에 든다"고 좋아하셨다.

할아버지께서 미리 조사한 바에 따르면, "그 외에도 다양한 맛집이 있다. 부대찌개와 감자탕을 파는 곳, 라면과 우동을 먹을 수 있는 '일월분식', 돈가스를 종류별로 맛볼 수 있는 '호현돈가스' 그리고 '노브랜드버거' 매장도 있다. 고속도로 휴게소에서 맛볼 수 있는 간식은 다 모여 있다. 사과당, 떡볶이, 호두과자, 통감자구이, 김밥, 만쥬리아, 닭강정, 핫도그, 부산오뎅 등도 있다."라고 하셨다.

아버지께서는 "지방 여행 중 꼭 그 지역 특산 음식을 먹을 일이 아니라면, 고속도로 휴게소에서의 한 끼 식사는 표준화된 깔끔한 음식을 맛볼 수 있음은 물론, 여행 시간을 절약할 수도 있어서 이 또한 여행의 묘미다."라고 말씀하셨다.

아무리 맛집 투어라지만, 여정이 없을 수는 없다. 부여 구룡 IC에서 빠져나와 익산 미륵사지 석탑에 도착하니 어느덧 12시가 다 되어 있었다. 미륵사 창건 당시 3탑 3금당으로 지어졌을 것으로 추정되는 미륵사지는 오랜 세월 동안 서쪽 석탑만이 시멘트로 덧붙여 간신히 볼품없는 형태를 유지하고 있었으나, 20년에 걸친 복원과 보수 작업 끝에 몇 년 전 다시 세상에 공개되었다. 하지만 38도에 육박하는 무더위 때문에 오래 머무를 수는 없었다.

추억 속의
옛이야기

선화의 노란 장화

옛날, 옛날, 아니, 아주 오래전은 아니고, 작은 마을에 진우라는 이름의 남자아이가 살고 있었어요. 진우는 초등학교 1학년이었어요. 학교까지는 걸어서 15분쯤 걸렸어요. 아침에 학교에 갈 때는 작은형을 따라가고, 학교가 끝나면 친구들이랑 "하하, 호호." 웃으며 집으로 돌아오곤 했죠. 학교 가는 길에는 무서운 비석이 있는 정몽거리도 있고, 작은 산도 있고, 군것질 가게도 있었어요. 진우는 그 길을 매일매일 걸으며 소중한 추억을 만들어 갔어요.

그런데 어느 날, 비 오는 아침, 진우는 학교에 도착하자 깜짝 놀랐어요.

"우와…!"

노랗고 예쁜 장화를 신은 여자아이가 교실 문 앞에 서 있었거든요. 그 아이의 이름은 선화였어요. 노란 장화는 정말 반짝반짝 빛났어요. 선화는 예쁜 우산도 들고 있고, 머리도 가지런히 묶었고, 옷도 깔끔하게 입고 있었어요. 진우는 그 모습을 보고 속으로 생각했어요.

'선화는 참 예쁘고 멋지다…. 나도 저런 장화 신어 보고 싶다….'

하지만 진우는 선화에게 말도 걸지 못했어요. 그저 가끔 비 오는 날이면 선화의 노란 장화를 살짝 바라보기만 했죠. 진우는 자기 장화를 떠올렸어요. 검은색에 낡은 장화. 조금 크고 발이 덜거덕거리던 장화.

'다 낡아 빠진 내 장화. 그렇지만 장화가 있다는 것만으로도 다행이야.'

진우는 마음속으로 그렇게 생각했어요. 그래도… 선화의 장화는 계속 생각났어요. 1학년이 끝날 때까지 진우는 선화에게 한마디도 하지 못했어요.

"안녕."이라는 말도, "장화 예쁘다."라는 말도, 아무 말도요. 그렇게 2학년, 3학년이 되었지만 진우는 이상하게도 선화에 대한 기억이 점점 흐릿해졌어요. 다른 친구들과 놀고, 다른 관심이 생기면서 선화와 노란 장화는 조용히 마음 한쪽에만 남아 있었죠. 하지만 진우가 어른이 되었을 때, 어느 날 갑자기 노란 장화를 신은 선화가 다시 떠올랐어요.

'아… 그때 내가 참 부러워했었지. 선화는 부잣집 딸이었

지. 우리 집은 너무 가난했었지. 그래도 말이라도 한번 걸어 볼 걸 그랬나!'

진우는 부끄러우면서도 따뜻한 그 기억을 가슴속에, 예쁜 비 오는 날의 추억으로 간직하게 되었답니다.

두꺼비 선생님

그리운 삼총사

　초등학교 5학년 때, 나는 천식이와 강민이랑 삼총사처럼 지냈다. 어디를 가든 셋이 함께였고, 서로를 속속들이 알고 지내던 사이였다. 강민이네는 살림이 넉넉한 편이었고, 천식이네는 우리 집과 엇비슷했다. 천식이네나 우리 집이나, 가 봐야 엉덩이를 붙일 만한 자리 하나 없을 정도로 비좁고 너저분했다. 그래서 자연스럽게 우리의 놀이터는 주로 강민이네 집이 되었다.

　비록 셋이 삼총사처럼 어울려 다녔지만, 셋 다 같은 동네에 사는 것은 아니었다. 다행히 강민이네 집은 학교에서 가까워서 학교가 끝나면 강민이네 집으로 향하는 일은 참새가 방앗간 드나들 듯 빈번하였다. 천식이는 공부를 늘 1, 2등 하던 친구여서, 강민이네 부모님도 천식이가 오는 것을 반기는 눈치였다. 셋이 함께 숙제를 하거나, 동화책을 나눠 읽으며 시간을 보내는 일이 다반사였다. 간혹 강민이 어머니는 빵이나 과자를 챙겨 주시기도 했는데, 그게 참

고맙고 따뜻하게 느껴졌다.

강민이네는 소를 두 마리나 키웠는데, 강민이는 틈틈이 소 먹일 꼴을 베러 가곤 했다. 그러면 우리도 어김없이 따라나섰다. 어깨에 꼴망태를 메고, 손에 낫을 하나씩 쥐고, 논두렁 옆 좁은 길을 따라 풀밭으로 향했다. 길가에서 메뚜기를 쫓으며 깔깔 웃고, 물웅덩이에 비친 얼굴을 들여다보기도 했다. 강민이는 낫질이 능숙해서 풀을 척척 베어 냈고, 나도 보리 베기며 벼 베기를 도운 경험 덕에 그럭저럭 해냈지만, 농사일을 해 본 경험이 거의 없는 천식이는 낫질이 서툴러서 이마에 땀만 뻘뻘 흘릴 뿐 망태기 속에 꼴은 더디게 찼다. 그래도 우리는 서로를 놀리지 않았고, 그런 천식이를 보며 깔깔댈 뿐이었다.

그렇게 영원할 것만 같던 삼총사의 우정도 오래가지 못했다. 천식이네가 농사를 접고 이리 시내로 이사하면서 우리 셋은 조금씩 흩어지게 되었다. 처음에는 강민이와 내가 버스를 타고 천식이네 새집에 놀러 가기도 했고, 천식이도 가끔 강민이네로 찾아왔지만, 예전의 삼총사 같지는 않았다. 어딘가 어색하고, 남처럼 서먹서먹했다. 생각해 보면 애초에 그런 만남이 오래 이어지기는 어려운 일이었는지도 모른다. 몸이 멀어지자 마음도 조금씩 멀어졌다. 그렇게 우리의 마음의 거리도 서서히 멀어져 갔다.

 가끔은 그 여름날의 햇살과 낫을 들고 걷던 좁은 논길, 강민이네 마당에서 웃던 우리 얼굴들이 문득 떠오른다. 어느 날은 메뚜기를 놓치고 낄낄대던 기억이, 또 어느 날은 꼴망태가 너무 무거워서 서로 바꿔 들어 주던 순간이 떠오른다. 결코 길지 않은 시간이었지만, 무엇이 삼총사의 인연을 맺어 주었는지, 무엇이 *끈끈하게* 우정을 다져 주었는지 알 수는 없었다. 한 번쯤 그때로 되돌아가고 싶다. 다시 꼴망태를 매고 논길을 걷고 싶다. 그때의 삼총사가 참 그립다. 천식와 강민이도 그 시절의 그 추억을 그리워하고 있을까?

경미의 샤프펜슬

    옛날 옛적…은 아니고, 그리 오래되지 않은 어느 시골 중학교에 다니는 한 남학생이 있었어요. 이름은 도윤이. 도윤이는 평범한 학생이었지만, 공부에 큰 욕심도 없고, 시험 때도 그냥 되는대로 시험을 치르곤 했어요. 시험 점수를 많이 받아야 할 특별한 이유가 없었거든요.

    하지만 2학년이 되면서 조금씩 달라지기 시작했죠.

    "야, 이번 시험은 그 참고서에서 많이 나온대."

    "공부 안 하면 꼴찌야~!"

    친구들의 말이 도윤이의 귀에 쏙쏙 들어왔어요. 괜히 마음이 두근거렸죠. 그래서 이번엔 도윤이도 참고서를 사고, 공부도 계획을 세워서 시작했어요. 처음엔 좀 힘들었지만, 점점 재미도 붙었어요. 그리고 중간고사 날! 결과는 놀라웠어요.

    "와, 도윤아! 너 이번에 순위 엄청 올랐다며?"

    "축하해! 대단한데?"

선생님도 칭찬해 주시고, 친구들도 놀라워했죠. 도윤이는 뿌듯했어요. '이런 기분도 괜찮네…' 하고 생각했죠. 일종의 도윤이의 전성기, 요즘 말로 리즈 시절의 시작이었던 거죠.

그런데 어느 날, 도윤이의 책상 위에 반짝반짝한 포장지에 싸인 작은 선물이 놓여 있었어요.

"어? 이게 뭐지…?"

조심스레 포장지를 만지는 순간, 주변 친구들이 속닥속닥 속삭이기 시작했어요.

"야, 경미가 놓고 갔대."

"진짜? 되게 좋아하나 봐. 얼레리꼴레리~!"

경미는 같은 반 여자아이이었어요. 항상 표정이 밝고, 누구에게나 다정하며, 얼굴에는 웃음이 많았죠. 최근에는 학교 성적이 많이 오른 도윤이에게 종종 말을 걸기도 했고요. 도윤이는 얼굴이 빨개졌어요. 그리고 아무런 말도 없이, 선물을 다시 경미에게 돌려주었어요. 경미는 당황한 듯 웃으며 받았지만, 살짝 아쉬운 눈빛이었어요.

며칠 뒤, 친구가 슬쩍 말해 줬어요.

"그 선물, 예쁜 샤프펜슬이었대. 경미가 직접 고른 거래."

도윤이는 가슴이 콩닥거렸어요. 괜히 미안한 마음이 들

었어요.

'그냥 받았어도 괜찮았을 텐데… 그 샤프펜슬 쓰면서 경미 생각도 하고, 더 열심히 공부할 수도 있었을 텐데.'

그날 밤, 도윤이는 하늘을 바라보며 생각했어요.

'내가 조금만 용기가 있었더라면… 경미의 마음을 그냥 받아 줬을까?'

그 샤프펜슬은 지금 도윤이의 손에는 없지만, 그 기억은 도윤이의 마음속에 따뜻하게 남아 있어요. 그리고 지금의 도윤이는 누군가의 마음을 마주할 땐, 조금 더 용기를 내 보려고 한답니다.

혜경이네 이사 가던 날

*

　〈이사 가던 날〉이라는 옛날 노래가 있어요. 흔히 말하는 7080 노래죠. 그 노래에는 '뒷집 아이 돌이는 각시 되어 놀던 나와 헤어지기 싫어서'라는 가사가 나와요. 그 노래를 들으면 태석이는 어린 시절이 생각나요. 태석이도 어릴 때 '각시놀이'를 함께하던 여자 친구가 있었거든요. 그 아이 이름은 혜경이었어요. 태석이는 초등학교 6학년 때까지 혜경이와 아주 친하게 지냈어요. 같은 동네에 살아서 거의 매일 놀았어요.

　그런데 어느 날, 혜경이네가 군산으로 이사 간다고 했어요. 태석이는 그 말을 듣고 많이 슬펐어요. 사실 둘이 서로 좋아한다는 말을 한 적은 없었어요. 하지만 동네 친구들 모두가 알 만큼 둘은 짝꿍처럼 잘 지냈어요.

　혜경이네는 논과 밭이 많아서 동네에서 부자로 불렸어요. 혜경이 아버지는 경운기를 몰고 다녔고, 추수철이면 경운기 가득 벼 가마니를 싣고 방앗간에도 자주 다니셨어요. 혜경이네는 그동안 모아 둔 돈으로 군산에 가서 마트를 열게 되었다고 했어요.

태석이는 집안 형편이 그리 넉넉하지는 않았지만, 그런 태석이를 이상하리만큼 혜경이는 잘 따르고, 지지해 주고, 항상 응원해 줬어요. 혜경이는 음식 솜씨도 좋았어요. 어느 여름날, 혜경이 부모님은 밖으로 일 나가시고, 혜경이는 동생과 함께 저녁을 준비하고 있었어요. 마당에서 같이 놀던 태석이도 그날 엉겁결에 이른 저녁을 같이 먹게 되었어요. 혜경이는 고구마 순 껍질을 뚝딱 벗기더니 맛있는 고구마 순 김치를 만들었어요. 정말 맛있었어요. 태석이 엄마가 만든 것처럼 완전한 고구마 순 김치였어요.

이사 가던 날, 태석이는 혜경이를 마주 볼 용기가 없었어요. "잘 가."라는 말도, "가지 마."라는 말도 할 수 없었거든요. 태석이 엄마는 혜경이네 이삿짐 싸는 걸 도와주고 오셨어요. 오시면서 울먹이며 말씀하셨어요.

"혜경이랑 꼭 껴안고 울었단다. 정말 정이 많은 아인데…."

태석이는 생각했어요. '혜경이는 혹시 내가 생각나서 우리 엄마를 안고 울었던 걸까?' 그 뒤로는 혜경이의 소식을 들을 수 없었어요. 엄마도 아무 말씀이 없으셨어요. 그래서 태석이는 요즘도 〈이사 가던 날〉이라는 노래만 들으면 문득 혜경이가 떠올라요. 지금 어디서, 잘 지내고 있을까?

1969년 3월 3일

*

애들아, 오늘은 교장 선생님이 너희와 조금 특별한 이야기를 나누고 싶어서 이 자리에 섰단다. 선생님이 너희와 꼭 나누고 싶은 얘기가 있어서 말이지. 시간을 아주 많이 거슬러 올라가 보자. 지금으로부터… 무려 55년도 더 된 이야기야. 선생님이 처음 학교에 간 날, 그러니까 1969년 3월 3일이란다. 그때는 '초등학교'가 아니라 '국민학교'라고 부르던 시절이었지.

두꺼비 선생님

그날은 무척 추웠어. 요즘처럼 따뜻한 점퍼나 패딩도 없던 때라 얇은 외투 하나 걸치고 콧물은 줄줄, 손은 꽁꽁 얼어붙은 채로 입학식을 하러 갔단다. 지금은 멋진 강당에서 입학식을 하지만, 그땐 운동장 흙바닥 위에 줄 맞춰 서서 입학식을 했어. 양복 입은 교장 선생님이 멀리서 말씀하시고, 우리는 무슨 말씀인지 잘 들리지도 않았지만 그냥 듣는 척했지. 엄마는 집안일로 바빠서 할머니 손을 잡고 입학식에 갔단다. 왼쪽 가슴에는 손수건을 옷핀으로 콕 박아 달고, 자랑스럽게 서 있었어. 그날은 입학식만 하고 바로 집에 왔지. 교실 구경도 못 했을 거야.

그 시절에는 학원도 없고, 방과 후 수업도 없었단다. 학교는 점심시간 전에 끝났고, 점심은 집에 가서 먹었어. 요즘처럼 급식이 없었거든. 대신 학교에서 빵을 하나씩 나눠 줬어. 어떤 날은 받아쓰기나 산수 쪽지 시험을 잘 본 친구가 하나 더 받기도 했지. 우리는 그걸 소중히 들고 집에 가면서 다 먹기도 하고, 어떤 날은 집에 있는 동생과 나누어 먹기도 했단다. 따뜻한 기억이지.

공부는 '수학'이 아니라 '산수'라고 불렀고, 체험 학습 대신 논에서 벼를 심거나 밭에 나가 일손을 돕기도 했어. 그래도 방과 후에는 마을 아이들과 놀 시간이 있었단다. 너희가 요즘 말하는 '자유 시간'이 바로 그때였던 거지. 뒷산에 올라가 씨름도 하고, 축구도 하고, 오징어 게임, 딱지치기, 구슬치기를 하면서 하루가 훌쩍 갔단다.

재미있는 건, 그 딱지를 만들기 위해 교과서를 찢은 적도 있었어! 1학년 겨울 방학 때, 이제 1학년의 모든 과정이 끝난 줄 알고 교과서를 모두 딱지로 접었지. 그런데 그때는 2월에 다시 개학을 하더라고! 선생님은 교과서 하나 없이 한 보름 정도를 학교에 다녀야 했단다. 그놈의 딱지는 따서 무엇에 쓸 거라고 그렇게 날마다 딱지를 쳐 댔는지. 지금은 추억이 되어 웃음이 나. 어머니는 그런 선생님의 딱지치기가 못마땅했던지, 불쏘시개로 모두 태워 버리시곤 했지. 아마 너희 부모님도 너희들이 못마땅할 때는 너희들을 꾸중할 때도 있었을 거야. 사랑하니까, 걱정하니까 그러신 거지.

애들아, 그 시절은 지금보다 부족한 게 많았지만 행복했고, 친구가 있었고, 뛰어놀 자유가 있었고, 배움에 대한 감사함이 있었어. 그리고 실수도 많았지만, 그 실수로부터 배우는 교훈도 있었단다. 너희도 앞으로 학교를 다니면서 많은 추억을 만들게 될 거야. 때론 힘들 수도 있고, 실수도 하고, 실패도 겪을 거야. 하지만 괜찮단다. 그런 실수와 실패가 너희들을 더 단단하게 만든단다. 지금의 작은 추억 하나하나가 언젠가는 너희 마음속에 아름다운 이야기로 남게 될 테니까.

복식 수업을 아시나요?

✳

'복식 수업(複式授業)'이란 한 학급 안에 두 학년 이상의 학생들을 한 교사가 함께 가르치는 수업 형태를 말한다. 즉, 한 교실에서 두 개 학년, 심하면 세 개, 네 개 학년의 학생이 함께 공부하는 방식이다. 이렇게 복식 수업을 하는 학급을 '복식 학급'이라고 하며, 지금도 시골이나 섬 지역에는 그런 학급이 꽤 많다. 어떤 경우에는 전교생이 단 한 명뿐인 학교도 있는데, 이렇게 학생 수가 아주 적은 학교는 '분교'라고 부른다.

나도 예전에 복식 학급을 맡아 본 적이 있다. 1987년, 함양군 유림면에 있는 대궁초등학교에서 1년간 근무할 때였다. 특이하게도 이 학교는 학급 수가 3개뿐이었지만 분교가 아닌 본교였고, 더 재미있는 사실은, 이 본교에 딸린 분교가 또 하나 있었다. 그래서 본교는 3학급, 분교는 1학급이었다. 나는 5학년 7명과 2학년 6명을 한 교실에서 가르쳤다. 지금으로 말하면, 한 교실 안에 두 개의 모둠이 있는 셈이었다. 복식 학급에 대한 사전 지식도 없었고, 별도의 안내나 연수도 받지 못한 채 바로 교실에 투입되었다.

그래도 수업은 진행해야 했다. 2학년을 가르치고 있으면 5학년은 각자 과제 학습을 해야 했다. 그런데 바로 옆에 앉아 있던 5학년 학생들은 과제를 하다가 중간중간 어제 TV에서 본 드라마 이야기를 나누곤 했다. 이제는 내가 5학년 쪽으로 이동해 수업을 하면, 이번에는 2학년 아이들이 이야기꽃을 피우느라 바빴다. 시간이 흐르면서 점차 복식 수업에 익숙해지기는 했지만, 밀도 있는 수업을 꾸준히 이어 가기에는 결코 쉬운 일이 아니었다. 그래도 음악 시간이나 체육 시간처럼 함께할 수 있는 과목에서는 형과 동생이 수준은 다르더라도 같이 노래하고 함께 뛰어놀며 배우는 모습이 보기 좋았다.

복식 수업에 대한 내 추억은 딱 1년뿐이었다. 대궁초등학교의 그 제자들에게는 면목 없는 이야기지만, 나는 다음 해에 경기도로 도망치듯 떠났다. 경기도에 가면 무슨 좋은 일이 기다리고 있을 거라고 그렇게 서둘러 사안 마을을 떠났는지 모른다. 그때 그 아이들은 지금쯤 어디서 무엇을 하고 있을까? 어느덧 37년이 지난 지금까지도 사안 마을은 한 번도 찾아가지 못했다. 언젠가 마음을 다잡고 꼭 한번 가 봐야겠다. 그때 그 제자들도 나를 기억하고 있을까?

보릿고개를 아시나요?

✳

노을: 애들아, 우리 할아버지한테 보릿고개 이야기를 들었는데… 진짜 깜짝 놀랐어. 그때는 먹을 게 없어서 그냥 찬물에 밥만 말아 먹고 하루를 보냈대. 요즘처럼 맛있는 반찬은 꿈도 못 꿨다고 하시더라.

영호: 맞아! 우리 할아버지도 쌀밥은 명절이나 생일에만 먹을 수 있었다고 하셨어. 대부분은 보리밥이나 고구마가 밥이었대. 어떤 날은 보리도 없어서 그냥 굶는 날도 있었다고 하시더라. 자꾸 뛰어다니면 배가 빨리 꺼진다고, 뛰지 말라고 하셨대.

하영: 우리 할아버지는 고추장에 생오이나 고추를 찍어 먹는 게 반찬이었다고 하셨어. 오늘날 같은 김치는 많지 않았고, 그냥 싱거운 김칫국에 밥 말아 먹는 게 보통이었다고 하시더라고.

형섭: 우리 할아버지는 겨울엔 호박죽이나 수제비, 칼국수를 자주 드셨대. 그런데 지금은 건강식이라고 하니까 참 신기하지 않아? 그때는 배고파서 먹었는데, 지금은 건강을 생각해서 일부러 찾아다니며 먹는 음식이라니!

동민: 어머, 우리 할아버지는 그때 가방이 없어서 책이랑 공책을 보자기에 싸서 다녔다고 하셨어! 비 올 때는 종이가 젖어서 글자가 다 번졌대.

신우: 우리 할아버지도 그랬어! 그리고 운동화가 없어서 고무신 신고 학교 다녔다고 했지. 그것도 자주 잃어버리거나 짝이 안 맞은 걸 신었대. "검정 고무신이 최고였지~" 하면서, 지구표, 말표, 기차표 얘기도 해 주셨는데, 우린 뭔 말인지 잘 모르겠더라.

혜선: 그러니까! 근데 할아버지가 그러셨어. "그때는 다 그랬단다. 가난했지만 서로 도우며 살았던 따뜻한 시절이었지." 그 말 듣고 괜히 뭉클했어.

재환: 맞아. 우리 할아버지도, "그 시절을 겪고 나니 지

금 이 따뜻한 밥 한 끼가 얼마나 소중한지 안다."라고 하셨어. 우리도 당연하게 생각하지 말고 감사하는 마음을 가져야겠어!

소희: 응! 앞으로 밥 남기지 말기! 그리고 할아버지 말씀도 잘 듣기! 우리 다음에도 이런 이야기 또 나눠 보자. 할아버지한테 듣는 시골 옛날얘기는 항상 재미있고 감동적이야.

쉥깡, 물길 아래 기억의 터널

*

어렸을 적, 나는 삼기의 들녘을 물처럼 흘러 다녔다. 모내기가 끝난 논 사이로 물길이 지나고, 그 물길 아래에는 우리만 아는 비밀의 공간이 있었다. 우린 그곳을 '쉥깡'이라고 불렀다. 쉥깡은 물길과 물길이 만나는 지점, 도로가 입체적으로 교차하듯, 한쪽 물길이 다른 쪽 아래로 지나는 콘크리트 터널이었다. 수로 건축 용어로는 '암거'다.

어른들 눈에는 그냥 농업용 수로일 뿐이었지만 우리에게는 그것이 모험의 통로였고, 놀이터였으며, 때로는 거대한 수족관이었다. 쉥깡은 아주 넓고 깊었다. 사람이 들어가 걸어 다닐 수 있을 만큼 커서, 우리는 그 안에 들어가 물고기를 잡고, 물장구를 치며 수영도 했다. 때론 그 '쉥깡'의 상류에서 하류로, 또는 하류에서 상류로 통과하며 모험의 극치를 달리곤 했는데, 지금 생각하면 참 위험했다. 하지만 그때는 그 공간이 우리에게 동굴 같고, 비밀 기지 같고, 거대한 세계의 입구처럼 느껴졌다.

두꺼비 선생님

'쇳깡'이란 말이 어디서 왔는지는 아무도 몰랐다. 그냥 그 때는 다 그렇게 불렀다. 아니, 내 기억이 맞는지 의심스럽 기도 하다. 아마도 콘크리트 속을 흐르던 물소리, '쇳깡깡' 그 울림에서 시작되었을지도 모른다. 어른들은 그냥 단단 하고 커다란 구조물이라 '쇠' 같다고 여겼고, 아이들은 그 소리를 따라 이름을 불렀을 것이다. 지금 사전에서 찾아봐 도 전혀 흔적이 없는 것을 보니 정확한 말은 아님에 틀림 없지만, 우리 동네에선 누구나 알아듣는 말이었다.

아직도 그 '쇳깡'이 그 자리에 있는지, 현대식 수로 시설 로 바뀌었는지 확인해 보지 못했다. 하지만 내 기억 속에 는 아직도 그 쇳깡이 있다. 흙탕물 속을 미끄러지듯 빠져 나가던 그 시절, 우린 철제도 콘크리트도 몰랐지만 '쇳깡' 이라는 단어 하나로 세상을 이해하고 있었던 것이었다.

두루치기와 제육볶음

*

두루치기는 돼지고기로 만드는 요리다. 돼지고기를 삼겹살처럼 얇게 손질한 것을 고추장과 양파, 양배추, 대파 등을 함께 넣고 프라이팬에 달달 볶아서 만든 요리다. 두루치기 요리는 비교적 약간의 국물이 있다. 볶음과 찌개의 중간 정도다. 그렇다고 두루치기 요리 할 때 국물을 일부러 넣는 경우는 많지 않다, 두루치기 요리에 있는 국물은 돼지고기 자체에서 나오거나, 양파나 양배추 등 채소에서 나오기도 하고, 고추장이나 간장, 다진 마늘 등의 양념장에서 나오는 경우가 대부분이다.

그렇다면 제육볶음 요리와는 어떤 차이가 있는가를 알아보자. 제육볶음 요리가 두루치기 요리와 가장 큰 차이점은 돼지고기를 고추장 양념에 미리 재워 둔다는 점이다. 고기를 미리 재워 두면 양념이 고기에 고루 스며들어서 요리의 맛이 더 진하고 깊다는 장점이 있지만, 고기를 미리 재워야 하는 시간이 필요하고, 고기 맛의 풍미가 덜할 수도 있다.

다만, 요리가 끝난 뒤에는 이것이 두루치기인지, 제육볶음인지를 눈으로 구별하기는 쉽지 않다. 요즘은 가정식 백반집이나 중국집에서도 두루치기와 제육볶음을 구분하지 않고 사용하는 경우도 많아, 실제 음식점에서는 크게 차이 없이 나오는 경우도 많다. 지역에 따라 두루치기를 제육볶음처럼 내놓기도 하고, 반대로 국물 있는 제육볶음을 두루치기라 부르기도 한다.

나도 두루치기 요리를 좋아하여 집에서 가끔 해 먹기도 했다. 정말 간단하지 않은가! 앞에서도 말했듯이, 삼겹살, 고추장, 간장, 양파, 양배추, 대파, 다진 마늘 등 구하기 어려운 것이 하나도 없다. 적당히 배합하여 넣고 프라이팬에 달달 볶으면 끝이다.

여기서 또 옛날이야기가 안 나올 수 없다. 내가 처음 교사가 되어 경남 합천 봉산초등학교에 근무하게 되었을 때다. 1984년의 일이다. 남자 교사가 많았던 그 학교에서는 남자 교사끼리 화합이 잘되어 걸핏하면 먹기 내기를 잘했고, 그 먹기 요리에는 두루치기가 단골 요리였다. 진짜로 많이 먹었다. 두루치기의 추억인 셈이다. 그 중국집 사장님은 그때처럼 돈을 계속 벌었으면, 강남에 큰 빌딩 하나

쯤은 있지 않을까? 나도 그때 돈이나 장사에 눈이 틔었더라면, 교사 때려치우고 두루치기 장사를 했어야만 했다. 뭣이 더 잘한 것인지는 아무도 알 수 없다.

아버지처럼 살기 싫었어

[조용한 선술집, 늦은 밤. 노년의 두 남성이 소주잔을 기울이며…]

나(60대 남성): 야, 너 그 옛날 주말 드라마 기억나냐? 〈아버지처럼 살기 싫었어〉. 벌써 20년도 더 지났지.

친구: 그럼, 기억나지. 내용은 잘 생각 안 나는데, 그 제목은 확 박혀 있더라. 뭔가 가슴을 철썩 치는 느낌이었어.

나: 맞아. 나도 내용을 까맣게 잊었는데, 그 제목은 잊히질 않더라. 〈아버지처럼 살기 싫었어〉, 그게 꼭 내 얘기 같았거든.

친구: 나는 너희 아버지가 되게 성실하신 분이었던 걸로 기억하는데. 그래도 네가 그렇게 느꼈다면, 다른 사람은 모르는 뭔가 있나 보구나?

나: 우리 아버지, 진짜 하루도 안 빠지고 출근하고, 술 한 방울 안 드시고, 말수도 없고, 그저 '가장'으로서 열심히 사셨어. 근데 난 그 모습이 싫었어. 늘 지친 얼굴로 말 없이 밥 먹고, 텔레비전 보다가 주무시고. 웃는 얼굴을 거의 본 적이 없거든.

친구: 그 시절 아버지들이 다 그랬지, 뭐. 우리 아버지도 그랬어. 집에 오셔도 '내가 여기 왜 있나?' 싶은 표정으로 계셨지.

나: 그런 아버지 옆에서 자라는 것도 참 답답하고 숨 막혔어. 그래서 그랬는지, 나는 진짜 다짐했거든. '나는 아버지처럼은 안 살겠다.' 근데 웃긴 건 뭔 줄 알아?

친구: 뭔데?

나: 살다 보니 나도 어느샌가 우리 아버지처럼 살고 있더라고. 조용히 출근하고, 일만 하다가 지쳐서 돌아오고, 내 자식들 눈에도 내가 어땠을까, 싶다. 혹시 나도 존경 못 받는 아버지는 아니었나, 그런 생각이 자꾸 들어.

친구: 에이, 너야 자식들 잘 키웠잖아. 근데 그건 그래. 아버지 눈엔 아들이 불만이고, 아들 눈엔 아버지가 불만이고, 결국 둘 다 불행한 거지.

나: 맞아. 아버지도 불행, 아들도 불행. 그게 참 서글퍼. 자식이 아버지를 이해하지 못하고, 아버지는 자식의 마음을 몰라주고. 그런 세월이 쌓이면 존경도 사라지고, 그냥 벽만 생기지.

친구: 그래도 요즘은 자식들이 아버지, 어머니 존경한다는 말도 잘하더라. 텔레비전 다큐 프로그램 같은 데 보면 나오잖아. "우리 아버지를 가장 존경해요." 그런 말 들으면 괜히 부럽더라.

나: 진짜 부러워. 그런 집은 자식 농사 잘 지은 거지. 요즘 말로 '엄친아' 키운 거잖아. 그런 집은 참 보기 좋아. 나도 그런 날이 올까?

친구: '수신제가 치국평천하'라고 하잖아. 몸과 마음을 닦고, 가정을 잘 다스리고, 나라와 세상도 잘 이끈다. 그 중에서도 '제가(齊家)'가 참 어려운 일이야. 집안을 가지런히 한다는 게 결국, 자식한테 존경받는 부모가 되는 거 아니겠어!

나: 맞아. 자식이 부모를 존경한다는 건 그 부모가 인생을 참 잘 산 거야. 말로만 잘 살아선 안 되고, 마음도, 행동도 바르게 살았다는 증거지. 그런 걸 보면 우리도 이제라도 조금 더 늦기 전에 자식들에게 존경받을 수 있는 사람 돼야 하지 않겠나?

친구: 그러자. 우리도 아직 늦지 않았잖아. 그래도 아버지처럼 살긴 싫었지만, 이제는 그 아버지를 이해하게 되는 나이가 된 것 같아.

나: 그래, 결국 나도, 우리 아버지도 다 그냥 열심히 살았던 거더라.

함께: (잔을 부딪치며) 그래, 그 시절의 모든 아버지께 그리고 우리에게. 건배!

두꺼비 선생님

I am flying(난 날고 있어요)

✳

    난 날 수 있다. 오늘도 날아다닌다. 새처럼 난다. 어디든 지 간다. 산도 넘어가고 강도 건너간다. 높은 빌딩도 넘어 가고, 빌딩 사이사이로 비켜 가기도 한다. 양쪽 팔을 날개 삼아 펄럭거리면 높이 올라간다. 속도를 높일 수도 있다. 몸에 날개를 달지도 않았다. 다른 장치를 붙이지도 않았 다. 그런데도 잘 날아다닌다. 신난다. 그런데 하늘에 나는 사람은 나 혼자다. 여기저기 둘러봐도 사람들은 안 보인 다. 그래도 기분이 좋고 신난다.

    삼기 고구마를 먹으면 더 높이 날고, 더 오래 난다. 삼기 고구마는 묘약이다. 사람들은 황등역에서 실려 나가니 황 등 고구마라고 알고 있는데 사실은 그게 삼기 고구마다. 삼기 고구마를 달구지로 실어서 황등역에 모았다가 화물 기차로 실어서 큰 공장이 있는 도시로 가져간다. 어느 도 시로 가는지 그것까지는 내가 모른다. 전주로 가는지, 군 산으로 가는지, 대전으로 가는지, 아니면 서울까지 가는지. 사실 나도 정확히는 모른다. 주위들은 얘기다.

아무튼 나 어렸을 적 삼기면에서는 고구마 농사를 많이 했다. 고구마가 시골 농민의 돈벌이였다. 나도 어렸을 적 고구마 캐러 많이 다녔다. 우리가 가진 밭은 얼마 되지 않아서 다른 집 고구마를 캐 주고 품삯을 받기도 했다. 그래 봐야 초등학생에게 품삯을 얼마나 줬겠는가? 나 초등학생 당시 고구마 한 가마니 값이라고 해 봐야 겨우 몇백 원이었다. 물론 그때 물가로 따지면 적은 돈이 아니었을지도 모른다. 아무튼 삼기 고구마를 먹으면 잘 난다. 신난다. 양쪽 팔을 펄럭이는 것을 게을리하면 땅에 떨어진다. 가끔 적절히 잘 펄럭여야 한다.

그러다 결국 꿈에서 깬다. 비록 꿈이었을지라도 신나고 기분 좋다. 내가 날아다녔다. 날아다니는 꿈을 꾼 날은 100% 좋은 일이 생겼다. 요즘은 날아다니는 꿈을 잘 못 꾼다. 날아 본 지 오래다. 해남 고구마만 먹어서 그런가 보다. 날아다니는 꿈을 다시 꾼다면 무엇을 기대해 볼까? 로또 복권을 살까, 주식에 모두 걸까? 헛된 욕망이다. 그냥 평소대로 하루를 보내자. 아무런 일 없었단 듯이. 그게 복일 게다.

　이 글을 쓴 날 밤, 나는 다시 날았다. 해남 고구마도 효험이 있긴 했다.

욕구 좌절을 맛본 아이들

*

사람은 살아가면서 많은 욕구 좌절을 경험한다. 욕구 좌절이란, 무엇을 얻고 싶거나 어떤 일을 하고 싶은데 여러 가지 상황으로 인하여 얻지 못하거나 하지 못하는 일을 말한다. 예를 들어, 아이스크림을 먹고 싶은데 건강에 좋지 않다며 부모님이 사 먹지 못하게 하는 경우도 일종의 욕구 좌절이다. 친구를 자기 집에 초대하여 놀고 싶은데 부모님이 허락하지 않아서 뜻을 이루지 못하는 것도 욕구 좌절이다.

그렇다면 욕구 좌절이 적을수록 좋은가, 많을수록 좋은가? 많아서 좋을 리는 없을 것 같다. 그렇지만 사람이 살아가면서 욕구 좌절을 거의 겪지 않으며 살아가기는 쉽지 않다. 욕구가 없어야 좌절도 없을 것인데, 욕구가 없는 사람을 정상으로 보기도 쉽지 않다. 그렇다고 하여 모든 욕구가 좌절된다는 말은 아니다. 앞에서 예를 든 것과 반대의 경우도 있으니 말이다. 부모님이 아이스크림을 사 먹도록 허락해 주었거나, 친구를 집에 초대하여 놀게 허락해 준 경우가 그것이다. 이러한 경우를 욕구 충족이라고 한다.

그런데 이러한 욕구 좌절이 자신의 판단과 현실 인식으로 본인 스스로 좌절시키는 경우와 부모님이나 가족의 구성원 또는 주변의 구성원에 의하여 좌절되는 경우로 나누어 생각해 볼 수 있다. 예를 들어, 일요일 점심 식사로 라면을 끓여 먹으려고 했는데, 아무래도 정제 탄수화물이 걱정되어 스스로 라면 먹기를 포기한 것은 앞의 예고, 학교 운동장에서 야구 경기를 하고 싶었는데, 초등학교 운동장에서 선생님과 함께하지 않고 학생들끼리만 야구 배트를 휘두르는 것은 안 된다고 허락받지 못한 것은 뒤의 예다.

본인 스스로 통제한 욕구 좌절은 심리적 평온과 만족감으로 한층 성숙한 아이로 성장하는 결과를 낳을 것이지만, 타인에 의한 욕구 좌절은 불만족과 스트레스라는 심리적 불안을 초래할 수 있다. 따라서 부모님들은 자녀를 대할 때 자녀들의 욕구 좌절의 기억이 최소화되도록 최선의 노력을 다해야 한다. 달리 말하면, 자녀들의 요구를 안 된다고만 하지 말고, 비록 부모의 판단에는 다소 실용적이지도 않고, 합리적이지도 않고, 건강에도 안 좋은 요구라

하더라도 자녀의 욕구 충족이라는 측면을 고려하여 적절하게 허락을 해 줘야 한다. 이것은 학교에서 학생을 대하는 선생님들도 마찬가지로 고려돼야 한다고 본다.

어떤 부모는 자녀를 기르면서 자녀들이 욕구 좌절의 경험을 여러 번 겪게 하였다고 한다. 아이들이 아주 어렸을 때 목욕탕에 데리고 가면 아이들은 목욕탕 냉장고에 있는 음료수를 먹고 싶어 했는데, 그 아빠는 그 몇 푼을 아끼고자 집 앞의 할인점에서 미리 음료수를 사서 목욕탕에 들어갔다. 똑같은 음료수인데도 아이들은 목욕탕 냉장고 문을 열고 음료수를 꺼내 마시는 욕구가 좌절되었다. 또 아이들은 집으로 친구를 데리고 와서 놀고 싶어 했다. 그 당시 맞벌이를 하던 부모는 어른이 없는 집에 아이들만 놀게 할 수 없어서 허락하지 않았다. 또 아이들은 애완견을 키우고 싶어 했는데 역시 허락하지 않은 부모도 있었다. 어떤 아빠는 어쩌다 여행을 갔다 돌아올 때면 아이들은 '혹시 선물이라도 사 오지 않았을까.' 하며 기다리고 있었다. 그러나 "아빠가 무사히 돌아온 것이 선물이야." 하며 아무런 선물도 내놓지 않았다. 이 외에도 어른들은 아이들에게 많은 욕구 좌절을 맛보게 했을 것이다. 이는 결코, 자랑이라고 할 수는 없을 것이다.

똥 이야기

*

똥을 똥이라고 말하면 어떤 장소에서는 실례가 되고, 점 잖지 못하다거나 인품이 부족한 사람이라고 핀잔을 들을 수도 있다. 그래서 똥이라고 하지 않고, 최소한 예의를 갖추어 대변이라고 말한다. 아니면 상황에 따라서는 '큰 것' 이라고 하기도 한다. 영어에서도 소변을 'Number one', 대변을 'Number two'라고 완곡하게 표현한다. 그렇지만 똥을 똥이라고 했다고 하여 경찰이 출동하거나 판사님 앞에서 머리를 조아려야 할 상황은 생기지 않는다.

내가 어렸을 때, 우리 집 화장실은 참 열악하였다. 다른 집 화장실도 크게 차이는 없었다. 그때는 온 동네 화장실이 전부 다 '푸세식'이었다. 똥을 싸러 앉으면 바로 아래에 똥이 보였다. 똥이 보이는 것은 그나마 다행이었다. 특히 장마철에는 고여 있던 똥이 묽어져서 내가 싼 똥이 아래로 떨어지면 똥물이 튀어 오르기도 하였다. 그래서 똥물이 튀어 오르기 전에 일단 얼른 일어나야 했다. 이것을 잘 맞추지 못하면 엉덩이에 똥물이 묻게 된다.

내가 1987년, 함양군 유림면 대궁초등학교에 근무할 때 학교 옆 동네에서 방을 한 칸 빌려서 자취 생활을 했는데, 그 집 화장실은 위에서 사람이 똥을 누면 아래에 있는 돼지가 똥을 받아먹었다. 진짜 똥 돼지다. 나도 똥 돼지에게 내 똥을 먹이로 준 것이다. 정말 평생 처음 하는 경험이었다. 그 화장실을 갈 때마다 불안하고 불편한 마음에 많이 망설이곤 했다. 아마 나이가 적은 아이들은 무섭다고 절대로 그런 화장실은 이용하지 않았을 것이다.

옛날 시골에서는 똥도 귀한 거름으로 농사에 이용하기 때문에 똥을 귀중하게 여겼다. 그래서 어떤 집은 자기 집에서 화장실을 이용하는 문이 있고, 담벼락을 기준으로 집 밖의 동네 사람들이 지나가는 길가에 화장실 문을 하나 더 만들어서 동네 사람들이 급할 때 이용할 수 있게 배려하였다. 이 화장실은 똥통은 한 개인데, 똥을 누는 곳은 두 곳이어서 어떤 때는 한 개의 화장실에 벽을 사이에 두고 주인과 나그네가 같이 일을 볼 때도 있다.

대체로 초등학교 아이처럼 어리거나 젊은 사람들은 누구나 큰 어려움 없이 똥을 잘 눈다. 신체 기관이 새것이기 때문이다. 물론 어쩌다 음식을 잘못 먹고 배탈이 나서 설사 똥을 싸는 일은 있다. 설사 똥은 줄줄 흐르는 똥이고, 억제하기 어려운 '급똥'인 경우가 많으므로 조심해야 한다. 잘못하면 낭패다.

젊은이들도 가끔 변비로 고생하는 사람도 있긴 하지만, 나이가 어느 정도 많아지면 신체 기관이 낡아서, 특히 대장이 제대로 기능을 잘못하면 변비가 생기는 일이 자주 일어난다. 변비가 심하면 오랫동안 똥을 못 싸는 경우가 있다. 간신히 토끼 똥이나 염소 똥을 누기도 한다. 변비도 종류가 다양하다. 어떤 변비는 며칠이 지나도 전혀 똥을 누고 싶은 마음조차 생기지 않는다. 어떤 변비는 똥이 나올 것 같기는 한데 막상 화장실에 가서 앉아 있으면 전혀 똥이 안 나오는 변비도 있다. 어떤 변비는 변기에 앉아서 한참 동안 똥을 만들어야 하는 변비도 있고, 어떤 변비는 똥을 짜내듯이 항문에 힘을 써야 하는 변비도 있다. 아무튼 변비로 고생하는 모든 이에게 힘을 내라고 하고 싶다. 그렇다고 항문에 너무 힘을 쓰면 안 된다. 치질이 생길지도 모른다.

종교 이야기

*

　나는 어렸을 때 교회에 다닌 적이 있다. 초등학교 4학년 때부터 중학교 2학년 때까지 다녔던 것 같다. 그 당시 내가 살던 동네의 분위기가 교회를 많이 다니는 편이었고, 우리 가족들도 교회에 여럿 다녔기에 그냥 나들이 삼아 교회에 다녔었다. 초등학교 4학년 때는 특히 여름 성경 학교가 큰 계기가 됐던 것 같다. 지금 생각해도 참 재미있었다. 처음 들어 보는 성경 말씀이 신기하였다. 뽕나무와 삭개오 이야기, 40일간의 노아의 방주 이야기, 연극 발표회 등. 그야말로 학교에서는 경험해 보지 못한 활동들로 가득했다. 간식도 많이 얻어먹은 것 같다. 거의 교회에서 살다시피 했다. 교회가 놀이터였다. '땡그랑! 땡그랑!' 교회 종도 쳐 보고, 풍금도 진짜 많이 쳤다. 풍금을 장난감 삼아 친 것 같다. 그러나 중학교에 다니면서는 교회가 차차 재미가 없어졌다. 교회에 나오는 친구도 적어졌다. 무엇보다 돌아가면서 하는 대표 기도는 부담이었다. 기도 말이 잘 생각나지 않았다. 결국 교회 다니는 것을 그만두고 말았다. 당시 전도사님께 매우 죄송하였다.

우리 집에서는 그 이후에도 할머니가 계속 교회에 열심히 다니셨다. 할머니는 농사일이 바빠서 어쩌다 교회에 빠질 때는 큰 죄를 짓는 양 말씀하시며 하나님께 크게 미안하게 생각하셨다. 할머니는 글을 읽을 줄 몰라서 찬송가도, 성경책도 필요가 없었다. 그래도 기도는 잘하셨다. 언젠가는 내가 아파서 잘 낫지 않고 오랫동안 고생을 하고 있었는데, 한밤중에 언뜻 깨어 보니 할머니께서 내 옆에서 기도하고 계셨다. 큰 누님도 열심히 교회에 다녔다. 큰 누님은 군산으로 시집간 이후로는 고향 삼기 교회는 다니지 못했다. 어머니는 할머니가 돌아가신 다음에야 교회에 다니셨다. 평생 교회에 다니지 않을 것 같았는데, 참 의아스러웠다. 그전에는 농사일로 엄두가 나지 않았나 보다. 아마 헌금이 부담스러워서 망설였던 것은 아니었나 하는 생각도 든다. 어쨌든 어머니도 돌아가시기 전까지 교회에 다니셨다. 지금도 조상님 기일에는 큰형님 댁에서 제사상을 차리는 대신에 기독교식으로 예배를 본다.

나는 현재는 불자다. 내가 불자 신청서를 작성하거나 제출하지는 않았다. 어쩌다 절에 가면 연등을 달거나 시주를 하게 되는데, 그때 주소를 적어 준 것이 그 절에 등록되어 가끔 집으로 '마형주 불자님' 하고 우편이 배달된다. 그래서 나는 불자다. 장모님은 불교 신자였다. 장인어른과 장모님이 돌아가신 후에 두 분을 한때 절에 모시게 되었었다. 그러다 보니 아내도 나와 결혼하고 한참 지나고 나서야 절에 다니게 되었다. 나는 절에 가끔 따라다니기는 하지만 법당에는 잘 들어가지 않는다. 절 경내만 빙빙 돈다. 대부분의 절 경내는 조경이 잘 가꾸어져 있다. 문화재도 많고, 멋진 탑도 있다.

절에 있는 법당에 들어가면 보통 불상에 절을 한다. 어떤 사람은 절을 108번을 하기도 한다. 그것을 108배라고 한다. 물론 아무 때나 108배를 하지는 않는다. 교회에 가면 헌금하듯이 절에 가면 법당의 불전함에 돈을 넣기도 한다. 부처님에 대한 예의이기도 하고, 자신의 기도를 잘 들어 달라는 간절한 마음의 표현이기도 하다. 나는 절에 가면 가끔 '기와불사'를 한다. 기와에 흰색 매직 펜으로 본인이 바라는 소원 글을 쓰고, 자신의 이름도 쓰고, 기왓장 값으로 만 원 또는 이만 원을 낸다. 나는 이때 내 개인의 소원이나 가족의 소원을 쓰지 않고, 학교의 이름을 쓴다. 예를 들면, '교학상장 세린초등학교' 이렇게 쓴다. 敎學相長

(교학상장)이란, 가르치고 배우는 과정에서 스승과 제자가
함께 성장한다는 의미다. 제자도 성장하고 스승도 발전하
는 학교를 그려 본다. 그러면 내 마음이 편안해지는 느낌
이 든다. 학교에 좋은 일만 생길 것 같은 느낌이 든다.

두꺼비 선생님

아빠의 노래 도전기

*

"애들아, 우리 아빠가 합창단원이었대!"

친구들 앞에서 나는 자랑스레 말했어요. 그런데 그 이야기는 그냥 자랑으로 끝나지 않았답니다. 지금부터 아빠의 진짜 노래 도전 이야기를 들려줄게요.

몇 년 전, 우리 아빠는 '용인시 여성회관 아버지 합창단'이라는 멋진 이름의 팀에 들어가게 되었어요. 막상 들어가보니 초보 합창단원인 아빠에 비해 '이건 뭐 거의 프로잖아?' 싶을 정도로 다른 단원들의 수준이 여간하지 않았대요. 원래는 일주일에 한 번만 연습하면 된다고 해서 시작했는데 행사도 많고, 대회도 나가고, 연습도 자주 있어서 회사 일로 바쁘게 일하던 아빠는 시간 내기에 많이 부담이 되었대요. 아빠는 '나는 노래 잘해!'라고 생각하고 당당하게 들어갔는데… 으악! 첫 연습부터 어려움이 시작됐죠.

"발음이 정확하지 않아요."

"음정이 불안합니다!"

지휘자 선생님의 지적은 끝도 없었대요. 특히 아빠 파트에서 시간이 자꾸 오래 걸리니, 아빠는 점점 작아지는 기분이었다고 해요. 결정적인 순간은 MBC 창작동요제 특별 출연 때 찾아왔어요.

"이건 정말 TV에 나오는 거야!"

모두가 부담스럽기는 했지만, 한편으론 신나 했죠. 〈휘파람〉과 〈우리 아빠 뽀뽀가 제일 좋아〉라는 귀여운 노래를 부르게 되었는데요, 문제는 녹음할 때 생겼어요. 자꾸 마지막 가사 '우리 아빠 우리 엄마 제일 좋아' 부분에서 누가 틀리는 거에요!

"한 명 때문에 계속 다시 녹음 중입니다!"

녹음실에서 신호가 오자 지휘자 선생님이 말했대요.

"이번엔 ○○씨, 조용히 입만 움직여 주세요…."

바로 그 ○○씨가… 우리 아빠였어요!

아빠는 놀랍고 창피했지만, 동시에 웃음도 나왔다고 해요.

"내가 노래에 그렇게 소질이 없었을 줄이야!"

그래도 아빠는 포기하지 않았어요. 계속 연습하고, 단원들과 웃고 즐기며 열심히 따라다녔어요. 결국, 전국 합창 경연 대회에도 나가게 되었는데요, 그때는 단원이 부족해서 지인들까지 데려가 겨우 20명을 채워 출전했대요. 그리고 이때는 아빠는 더 이상 입 모양만 움직이는 립싱크는 하지 않았대요. 열심히 목청을 높이고 화음을 맞춰 자신감 있게 불렀다고 해요. 그런데 놀라운 일이 벌어졌어요. 그러한 모습이 심사위원들의 눈과 귀는 물론 마음까지 감동을 주었던 모양이에요.

"동상 수상!"

"우와아아아아!"

모두가 놀라고 기뻐했죠. 아빠는 말했어요.

"노래를 잘해서 받은 상은 분명한 것 같아. 거기에 더해 열심히 하고, 함께 노력한 덕분에 받은 거야."

나는 그런 아빠가 자랑스러웠어요. 비록 음정이 좀 흔들려도 끝까지 도전하고 노력하는 모습은 정말 멋지니까요! 이러한 모습이 아버지 합창단의 진짜 모습 같았어요.

1학년 2반 49번

*

1학년 2반 49번. 나의 중학교 1학년 때의 번호다. 그때는 키순으로 번호를 매겼다. 키가 제일 작은 사람이 1번, 키가 제일 큰 사람이 맨 마지막 번호를 받았다. 그럼 나는 49번이니 키가 상당히 컸었단 말인가? 아니다. 지금이나 그때나 키가 작기는 마찬가지였다. 그렇다면 어째서 49번이 되었나? 중학교 입학식 날에는 학교에 가지 않았고, 다음 날 학교에 가니 이미 다른 친구들은 번호를 받았고, 나는 마지막 번호를 받다 보니 49번이 되었다. 그러니 그때 우리 반 학생은 모두 49명이었던 셈이다.

어째서 입학식 첫날 학교에 가지 않았나? 집안 형편이 좋지 않아서 나를 중학교에 보내지 않으려고 하였던 것이었다. 나보다 여섯 살이 많은 큰형은 고등학교 3년을 장학생으로 다녔고, 이미 대학교에 합격하였다. 내 밑으로는 동생이 둘 더 있었다. 어려운 집안 살림 형편에 한 명이라도 학교를 그만둬야 할 형편인데, 공부도 별로 시원찮은 내가 딱 걸린 것이었다. 더군다나 나는 이미 진로가 결정 돼 있었다. 논산에서 목수 일을 하는 내종사촌 형을 따라 목수 일을 배우기로 돼 있었다.

그런데 여기서 반전이 일어났다. 대학 입학을 앞둔 큰형이 자기 동생이 중학교도 못 갈 형편이라면 자신이 대학교를 안 가겠다고 선언하였다. 당시 할머니와 어머니의 입장에서는 집안의 기둥인 큰형이 어렵게 대학교 입학을 앞두고 있는데 입학 포기라는 선언은 큰 타격이 아닐 수 없었다. 배수진을 친 큰형의 의견이 받아들여져서 나도 중학교에 입학을 할 수 있었다. 부랴부랴 동네 이곳저곳을 돌아다니며 낡은 중학생 교복을 얻어 올 수 있었고, 운동화가 준비 안 돼서 할머니 털고무신을 신고 중학교 첫 등교를 할 수 있었다. 그래서 1학년 2반 49번이 된 것이었다.

1975년 당시, 삼기면에서 초등학교만 졸업하고 중학교에 입학을 못 한 사람은 몇 없었다. 어쩌면 내가 그 몇 안 되는 사람 중 한 명이 될 뻔했다. 할머니와 어머니는 어떻게 그렇게 큰 결단을 내릴 수 있었을까? 나를 중학교에 안 보낼 결심도 큰 결단이었고, 결국은 처음의 결심을 뒤집은 것도 큰 결단이었을 것이다. 할머니와 어머니의 두 번째 큰 결단이 없었다면, 큰형의 배려가 없었다면, 나는 내종 사촌 형을 착실하게 따라다니며 목수가 됐을지도 모른다.

초등학교 시절–
여름 방학의 풍경

✳

    초등학교 시절의 여름 방학은 온통 물의 계절이었다. 아침밥을 먹고 나면 나는 아무런 망설임도 없이 집을 나섰다. 목적지는 언제나 물가였고, 하루해가 저물 즈음에야 온몸이 검게 그을린 채 돌아오곤 했다. 그런 날은 점심밥이 어찌 되었는지는 잘 기억나지 않는다. 어쩌면 이웃 동네 친구네 마당에서 얻어먹은 삶은 옥수수나 감자 한 토막이었을 테고, 가다 서다 밭 가장자리에서 꺾은 단수숫대를 질겅이며 단물을 뽑아 먹었을지도 모른다. 때로는 허기를 못 이겨 남의 밭에서 가지나 오이, 토마토를 몰래 서리해 배를 채우기도 했다. 어차피 집에 돌아간다 해도 대접받을 만한 음식이랄 건 없었다. 싱건지에 꽁보리밥, 그나마도 겨우겨우. 어머니와 할머니는 새벽부터 논으로, 밭으로, 품팔이로 바빴고, 자식들 점심까지 챙길 겨를은 없던 시절이었다.

    우리 동네는 작았다. 아이들도 몇 되지 않았다. 내 또래가 놀이 무리 중 가장 나이가 많았고, 그 아래로 두세 살 차이 나는 아이들까지 자연스레 무리를 이뤘다. 그보다 나이가 많은 형이나 더 어린 동생들은 아예 놀이의 바깥에 머물렀다. 누가 문서로 자격 조건을 정한 것도, 누군가 입단 조건을 말로 꺼낸 적도 없지만, 신기하게도 우리의 규칙은 언제나 지켜졌다. 자연스럽게 만들어진 놀이의 질서였다.

아침이면, 우린 모두 '다구다 빤스' 하나만 차고 집을 나섰다. 지금은 '다우다'라고 부르지만, 우리에겐 다구다였다. 초등학교 운동회 복장의 핵심, 검정색 반바지. 하얀 셔츠와 청·백 모자는 운동회용이었지만, 여름 방학만큼은 그 다구다 빤스가 곧 우리의 수영복이었다. 바짓가랑이 사이로 햇살이 비치고, 허벅지엔 흙물이 튀었지만, 우린 부끄러움도 없이 그렇게 물을 향해 걸어갔다.

우리의 물놀이장은 맑고 시원한 명산대천의 산골 계곡은 아니었다. 호남평야의 북쪽 끝, 익산의 들녘을 흐르던 농수로다. 논에 물을 대던 그 인공 수로가 우리에겐 대양이자 수영장이었다. 어떤 날은 흙탕물이 흐르고, 어떤 날은 양수장에서 퍼 올린 맑은 물이 콸콸 흘렀다. 물이 넘치면 수로는 금세 가슴까지 차오르고, 물살은 등줄기를 휘감으며 아래로 휩쓸곤 했다.

　초등학생 몸으로는 위험할 수 있는 환경이었지만, 우리는 해마다 그런 물과 어울려 놀며 물의 기세를 배우고, 그 속에서 버티는 법을 익혔다. 우리는 개헤엄의 장인들이었다. 어디서도 정식으로 수영을 배운 적은 없었다. 하지만 물속에서 살아남는 법, 버티는 법, 자기 머리를 물 위로 밀어 올리는 법은 알고 있었다. 한 명의 사고도 없이, 우리는 여름마다 물속에서 자랐다. 그 수영은 더 이상 기술이 아니었고, 놀이도 아니었으며, 삶을 통과하는 방식이었다. 바로 그 시절의 우리가 생존 수영의 선구자였다.

새소리에 잠 깨던
해운초등학교 시절

*

1988년과 그다음 해까지 2년간 해운초등학교에 있었다. 해운초등학교는 경기도 화성시 서신면 궁평리에 있는 작은 학교다. 당시 교장 선생님의 따뜻한 배려로 학교 건물 아래 운동장으로 내려가기 전의 화단 옆 한쪽에 있는 부엌 딸린 단칸방 사택에서 살았다. 아침에 일어날 때는 학교 건물 바로 뒤에 있는 해운산 새소리의 하모니에 장단을 맞추며 잠에서 깼다.

세상의 온갖 새들은 거기에 다 있는 듯했으며, 당시 유명한 새 박사 윤무부 교수님이 새들과 함께 숲에서 나타나야 할 것 같았다. 나는 잠자는 숲속의 왕자님 같았다. 물론 100년 동안 잠들기로 약속한 것은 아니었다. 그 숲속의 새들은, 그 새들이 지저귀는 하모니는 세상에서 가장 아름답고 정교한 알람 시계였다. 출근해야 할 걱정만 없었다면, 새 소리 클래식에 한없이 빠져들고 싶었다.

한 학년에 한 학급뿐인 이 학교에서 첫해에는 5학년 담임을 맡았고, 둘째 해에는 3학년 담임을 맡았다. 좋은 기억도 많을 텐데, 잘한 기억도 조금은 있을 텐데, 아이들을 제대로 품어 주지 못한 어설픈 기억과 미안한 기억만 많다. 똑똑한 아이들만 좋아하며, 부족한 아이들을 안아 주지 못했다. 아이들을 규정과 규범과 모범과 정석의 틀에 가두고, 조금의 어긋남도 크게 꾸짖었다. 나 자신도 별로 그렇게 살지 못했으면서 말이다.

그래도 3학년 담임을 할 때는 아이들이 어려서 그랬던지 이전보다는 화도 덜 내고, 덜 꾸짖었던 것 같다. 짧은 1년 동안이지만 정도 많이 들었다. 그리고 나는 이전의 교사 생활까지 포함하는 6년간의 시골 생활을 마치고 도시를 향해 떠날 준비를 하고 있었다. 아이들과 작은 약속을 했다. 그해가 1989년이었고, 3학년 1반이었으므로, 매년 8월 9일 오후 3시 1분에 해운초등학교에서 만나자고 했다. 그때 분명히 아이들은 그렇게 하겠노라고 대답했었다. 그러나 그다음 해에 8월 9일, 약속한 시각에 온 아이는 한 명도 없었다. 아마 아이들이 너무 어려서 만남의 의미를 이해하지 못한 것 같았다. 그리고 35년도 더 지난 지금까지 아무도 한 번도 만나지 못했다.

지금도 해운초등학교가 가끔 생각난다. 해운산 숲속에

서 아침마다 들리던 온갖 새 소리와 따뜻한 교장 선생님의 배려가 생각난다. 그러나 그 배려에 보답을 다하지 못한 교직원과의 불편한 관계, 학생들을 공부하는 대상으로만 생각했던 어설픈 학생관도 생각난다. 그래서 여행 삼아 해운초등학교에 한 번 가 보려고 한다. 이왕 가는 김에 궁평리 해안가도 가 보고, 백미리 갯벌도 봐야겠다. 왕모대는 어떻게 변했을까도 무척 궁금하다. 그 시절에 같이 일했던 분을 한 분이라도 만나 뵐 수 있을지도 무척 궁금하다. 그래서 더욱 설렌다.

나의 살던 고향의 충남 익산군

〈고향의 봄〉이라는 노래의 첫 소절이다. 나의 살던 고향은 충남 익산군. 익산군 출신들이 들으면 익산군을 왜 충남에 팔아먹었냐고 화를 낼 것 같다. 익산은 전북에 속해 있다. 그리고 지금은 익산시다. 예전에는 익산군과 이리시가 따로 있었는데, 도농 통합시를 만들 때 이리시와 익산군을 통합하여 익산시가 된 지 이미 오래되었다.

그렇다면 "고향이 전북 익산입니다."라고 해야지 왜 '충남 익산'이라고 하나? 고향을 떠나서 경기도에서 지내다 보니, 나를 처음 만나는 주변 사람들이 나의 말씨를 듣고 고향이 충청도냐고 자꾸 물어보았다. 처음에는 전북 익산이라고 바르게 대답했는데, 나중에는 그냥 '충남 익산'이라고 했다. 전북 익산은 충남과 경계를 이루고 있어서 말씨가 충남과 비슷하여 구별하기 어렵다. 특히 나는 표준말을 쓰

려는 노력을 거의 하지 않아서 지금도 말씨가 촌스럽고 순
진하다. 충남 익산 말씨다.

익산의 서북쪽인 웅포, 성당, 용안면은 충남 부여와 금
강을 사이에 두고 맞닿아 있어 경계가 명확한 반면, 익산
의 북쪽인 망성면은 논산의 채운면과 강경읍에 접해 있는
데, 그 경계가 산도 아니고, 강도 아니고, 도로도 아니어서
길을 따라 운전하다 보면 충남과 전북이 교대로 나타나기
도 한다.

서울 쪽에서 출발하여 익산으로 간다면, 보통 경부고속
도로를 타고 가다가 천안 JC에서 천안논산 고속도로를 이
용하고, 천안논산 고속도로가 끝나는 논산 JC에서 호남고
속도로를 이용하다가 익산 IC로 빠져나가서 익산 시내로
향하면 된다. 그러나 익산의 북쪽인 낭산, 망성, 삼기, 함
열, 용안, 용동, 성당, 황등면 등은 익산 IC까지 가지 않고
연무 IC에서 미리 빠져나가는 편이 훨씬 가깝다.

두꺼비 선생님

이제는 논산 고모님 모습이 아련하다. 세월이 너무 많이 흘렀다. 초등학교 시절 여름 방학이 되면 가끔 논산 고모님 댁을 방문하였다. 고모님 댁이 논산역에서 얼마 떨어져 있지 않았기에 가기도 쉬웠고 찾기도 쉬웠다. 그 시절 황등역에서 기차를 타면 다산-함열-강경-채운역을 거쳐 그다음 논산역까지 가는 여행길이었다. 지금 생각해 보면 고모님 댁도 형편이 넉넉지 않아서 우리 형제들 방문을 그리 반기지는 않았겠지만, 겉으로는 티 내지 않으시고 잘 맞이해 주셨던 것 같다. 지금이라도 그때의 은혜를 갚아야 하는데, 이제 고모님은 안 계신다. 사촌들이라도 서로 연락하고 잘 지내야겠다.

현재 초등학교의
생생한 생활 모습

예의 바른 반대 의견 말하기

✳

지난주 우리 반에서 학급 회의를 했어요. 이번 주 놀이 시간을 운동장에서 보낼지, 교실에서 보낼지를 정하는 회의였어요. 친구들이 차례로 손을 들고 의견을 말하는 건데, 제가 먼저 "이번 주엔 날씨도 좋으니 운동장에서 놀았으면 좋겠어!" 하고 말했어요. 그런데 저의 발표가 끝나자마자, 평소 친한 친구인 민수가 이렇게 말했어요.

"음… 나는 운동장보다 교실이 좋아. 요즘 너무 더워서 밖에 나가면 땀이 너무 나. 차라리 시원한 교실에서 보드게임 하는 게 더 재미있을 것 같아."

민수의 말을 듣고 저는 좀 속상했어요. 내가 말한 걸 바로 반대하는 것처럼 느껴졌고, 나를 무시한 것처럼 느껴졌거든요. '다른 사람들한테도 그렇게 말했을까?', '왜 꼭 내 의견에 반대할까?' 이런 생각이 자꾸 들었어요. 며칠 동안 민수한테 괜히 말도 안 하고, 마음속으로 '너 좀 너무했어…' 하고 생각했어요.

그러던 어느 날 밤, 엄마에게 이 이야기를 했더니 엄마가 이렇게 말씀하셨어요.

"민수는 그냥 자기 생각을 말한 것일 수도 있어. 너를 싫어해서 그런 게 아닐 거야."

그 말을 듣고 다시 생각해 보니, 나도 예전에 다른 친구가 말한 의견에 "나는 좀 다르게 생각해." 하면서 반대한 적이 있었어요. 그때도 친구를 무시하려고 한 건 아니었어요. 그냥 내 생각을 말한 것뿐이었죠.

이제는 알 것 같아요. 앞으로 친구가 내 생각과 다르게 말하더라도 너무 서운해하지 않을 거예요. 누구나 생각이 다를 수 있고, 다르게 말한다고 해서 나를 싫어하는 건 아니니까요. 친구는 그저 자기가 느낀 걸 말했을 뿐이에요. 그리고 나도 누군가의 의견에 반대하고 싶을 때는, 먼저 그 친구의 말을 잘 듣고, "네 말도 좋은데 나는 이렇게 생각해."라고 부드럽게 이야기하려고 해요. 그렇게 하면 서로 마음이 다치지 않고, 더 좋은 친구가 될 수 있을 것 같아요. 의견이 다를 때는 말하는 방법이 정말 중요한 것 같아요. 서로를 배려하면서 이야기하면, 다르게 생각해도 기분 나쁘지 않고 오히려 더 많은 걸 배울 수 있어요.

이 일을 겪고 나서, 저는 친구들과 이야기할 때 예의 있게 말하는 법을 배우게 되었어요. 그리고 남이 섭섭한 말을 하더라도 상대방을 미워하는 마음보다는 나 자신을 다독이면서 이해하는 법을 키웠어요. 앞으로는 어떤 상황에서도 상대방의 마음을 먼저 생각할 줄 아는 멋진 사람이 되고 싶어요.

한국잡월드 투어-
50 조이

＊

    한국잡월드 투어를 다녀왔다. 이번 투어는 한국잡월드에서 학교장을 대상으로 운영하는 기관 투어형 프로그램으로, 15인 이상이 참여할 경우에만 진행되는 전관 투어였다. 투어 관계자는 친절하고 자세한 설명을 위해 애를 많이 썼다. 나는 하나라도 더 들으려고 안내자 곁을 바짝 따라다녔고, 자료를 더 얻기 위해 카메라 셔터를 연신 눌렀다. 하지만 안내자가 설명해야 할 내용도 많고, 우리가 둘러볼 장소도 많았기 때문에 모든 설명을 기억하는 것은 처음부터 어려운 일이었다.

    안내자는 먼저 우리를 5층에 위치한 메카이브관으로 이끌었다. 'MAKIVE(메카이브)'는 Makers와 Archive의 합성어로, 문자 그대로 '만드는 사람들의 기록 보관소'라는 뜻이다. 미래형 만들기 체험관과 무료 체험 존이 있는 이곳에는 창의력을 기를 수 있는 300여 종의 재료와 50개의 장비가 갖춰져 있다고 한다. 이름에 걸맞게 체험자들이 직접 만든 작품들도 전시되어 있었다. 또, 관람객의 편의를 위한 무인 카페도 마련되어 있다.

다음으로 향한 곳은 3층에 있는 청소년체험관이었다. 이곳은 초등학교 5학년부터 고등학교 3학년까지 이용할 수 있으며, 총 41개의 체험실에서 65개 직종을 체험할 수 있다고 한다. 주요 체험관으로는 항공사, 종합병원 수술실, 무역회사, 광고회사, 증권회사, 레스토랑, 뷰티숍, 패션쇼장, 방송국, 우주센터, 자동차 디자인센터 등이 있다.

이어 같은 층에 있는 어린이체험관으로 이동했다. 이곳은 만 4세부터 초등학교 4학년까지 이용할 수 있으며, 총 42개의 체험실이 마련되어 있다. 특별한 점은 '조이'라는 화폐를 사용하는 점이다. 입장할 때 어린이들에게 50 조이 태그가 지급되며, 이를 체험관에서 활동할 때 체험료처럼 사용하게 된다. 예를 들어, 가장 인기 있는 '피자 가게' 체험은 25 조이를 지불해야 참여할 수 있다. 반면, 인기가 덜한 체험관에서는 오히려 조이를 받을 수 있다는 점이 흥미롭다. 예를 들어, '사회복지관' 체험을 마치면 최대 20 조이를 획득할 수 있다. 초등학생들에게 가장 인기 있는 프로그램은 식음료 관련 체험으로, 항상 지원자가 많아 만원이라고 한다.

　각 체험실에서의 활동 시간은 최소 15분에서 최대 40분까지 걸리므로, 미리 시간 계획을 세우고 참여하는 것이 좋다. 주요 체험실은 다음과 같다. 공룡 캠프, 자동차 정비소, 로봇 과학 연구소, 빵부장 연구소, 경찰서, 클라이밍 아레나, 미용실, 피자 가게, 꽃집, 메타버스 월드, 방송국, 소방서, 사회복지관, 우주 센터, 마법사 학교, 드론 연구소, 달콤 카페, 외과 수술실, 병원 신생아실, 애니메이션 스튜디오, 동물병원 그리고 마지막 42번 체험실은 야구 경기장이다.

한국잡월드 투어-
K-Skill 체험관

＊

이번에는 2층에 위치한 미래 직업관과 진로 설계관을 방문했다. 미래 직업관은 초등학교 5학년부터 고등학생까지 이용할 수 있으며, 로봇, AI, 기후 변화, 고령화, 에너지 고갈 등의 문제 해결을 주제로 한 다양한 체험 프로그램이 마련되어 있다. 진로 설계관은 총 3개 존, 18개 코너로 구성되어 있다. 자기 검사 존에는 재능 스펙트럼, 흥미 퀘스트, 개별 검사실, 검사 결과 해석 존 등이 있고, 상담 설계 존에는 집단 상담 프로그램실, 소극장, 기획 프로그램실이 있다. 직업 정보 존에는 직업정보열람실, 잡 카페, 어린이 놀이실 등이 마련되어 있다.

다음으로는 별관에 위치한 숙련기술체험관으로 향했다. 이곳은 국내 최대 규모의 K-Skill 체험관으로, 산업 현장에서 필수적인 세 가지 숙련 기술을 직접 체험할 수 있는 공간이다. 청소년들이 이곳에서 자신의 잠재력과 미래 가능성을 발견할 수 있다고 한다. 먼저 3층부터 둘러보았다.

연금술학교, 전기차 팩토리, 전통 발효장, 상감 컬렉션, 주니어 목공대회 등, 체험실 이름만 봐도 꼭 들어가 보고 싶어졌다. 2층도 그에 못지않게 흥미로운 체험실들로 가득했다. 로봇 플레이, 메카트로닉스 챌린지, 더위 탈출 냉동공조, 항공 정비 엔지니어, 환상의 섬 등 다양한 프로그램이 준비되어 있다. 안내자의 말에 따르면 이곳의 장비는 국내 어느 직업 학교나 교육기관보다도 우수하다고 한다.

한국잡월드를 방문할 때 알아 두면 좋은 참고 사항도 있다. 빈자리가 있을 경우 현장 발권이 가능하기는 하지만, 사전 예약은 필수라고 한다. 체험관의 운영 시간도 미리 확인해 두면 좋다. 어린이체험관은 오전에 4시간 운영되는 1부와 오후에 4시간 운영되는 2부로 나뉘며, 청소년체험관은 60분 단위로 나뉜 총 5부 체제로 운영된다. 비교적 한산한 시간은 어린이체험관은 평일 2부, 청소년체험관은 평일 4~5부라고 한다. 토요일과 공휴일에는 두 체험관 모두 많이 붐비지 않게 참여할 수 있으며, 일요일은 휴관이다. 어린이의 경우, 오전 시간 동안 어린이 체험관에서 체험을 하고, 점심은 2층에서 먹은 뒤, 오후에는 메카이브관을 이용하는 일정이 적당하다고 한다.

2층에는 커피숍, 편의점, 카페가 있으며, '고메브릿지'라는 푸드 코트에서는 한식, 양식, 분식 등 다양한 메뉴를 합리적인 가격에 즐길 수 있어 부담 없이 식사를 해결할 수 있다. 만약 체험 후 조이 포인트가 남았다면, 조이숍에서 실제 상품으로 교환할 수도 있다.

약 60분간의 투어에서 정말 많은 것을 배웠다. 이렇게 훌륭한 직업 체험관 '한국잡월드'가 학교 가까이에 있음에도 그동안 대강당에서 진행되는 집합 연수 프로그램만 접했을 뿐, 다양한 체험이 가능한 공간이라는 사실은 미처 알지 못했다는 점이 부끄러웠다. 앞으로 우리 학교 학생과 교사들에게 한국잡월드 체험 프로그램을 적극적으로 알리고, 학생들이 직접 체험할 수 있는 기회를 자주 누릴 수 있도록 관심을 갖고 지원하겠다고 다짐했다.

두꺼비 선생님

심폐소생술 연수

*

　오늘은 교직원 심폐소생술 연수가 있는 날이다. 심폐소생술 연수는 학교에 근무하는 사람이라면 매년 한 번씩 의무적으로 참여해야 하는 연수다. 체육관에 모여 분당소방서에서 나오신 강사님의 이론 강의를 듣고, 인체 모형을 이용해 실습을 진행한다.

　똑같은 심폐소생술 연수지만, 해마다 강사님이 사용하는 연수 자료나 강조하는 점이 약간씩 다르다. 이번에 오신 강사님은 '깨우고, 알리고, 누르고'의 3단계를 강조하셨다. 쓰러진 사람을 발견하면 먼저 의식이 있는지를 확인하기 위해 깨워 보는 것이 1단계, 즉 '깨우고'에 해당한다. 2단계 '알리고'는 주변에 모여든 사람에게 119에 신고해 달라고 하거나, 자동심장충격기를 가져와 달라고 요청하는 것이다. 이때 중요한 점은 반드시 사람을 지명해 요청해야 한다는 것이다. 예를 들어, "저기 노란 셔츠 입으신 여자분, 119에 신고해 주세요."처럼 말해야 한다. 3단계 '누르고'는 가슴 압박을 실시하는 것으로, 심폐소생술 연수의 핵심이다.

인체 모형으로 가슴 압박 실습을 하는 것은 크게 어렵지 않지만, 실제 상황이라면 이야기는 달라진다. 대부분의 연수생들은 "실전이라면 걱정이 앞선다"고 말한다. 아무리 '선한 사마리아인 법'이 있다고 해도, '혹시 가슴 압박을 하다가 환자가 더 나빠지지는 않을까?' 하는 걱정은 당연하다. 실제 상황이 닥친다면 내가 잘할 수 있을지, 혹은 너무 세게 눌러서 갈비뼈가 부러지지는 않을지 걱정이 된다.

하지만 가끔 TV 뉴스에서는 초등학생이 학교에서 배운 심폐소생술로 가슴 압박을 해 쓰러진 사람을 구한 사례가 보도되기도 한다. 그렇다면 걱정보다 중요한 것은, 매년 연수를 성실히 받아 잊지 않도록 잘 익혀 두는 일일 것이다. 언제, 어디서, 누구에게 어떤 어려움이 닥칠지는 아무도 알 수 없기 때문이다. 조금이라도 알고 있다면, 아무것도 모르는 것보다는 훨씬 낫다. 이왕이면 제대로 익혀 두는 것이 좋지 않겠는가! 이것이 바로 '유비무환'의 정신이다.

심폐소생술 이야기가 나온 김에, 관련된 영어 단어 하나를 꼭 짚고 넘어가자. 바로 CPR이다.

'cardiopulmonary resuscitation'의 약자다. 내가 영어를 깊게 공부하지는 않았지만, 이 단어는 일상에서 자주 등장하지는 않는다. 사용 빈도수로 따지자면 often도 아니고, sometimes도 아니며, 아마 seldom 정도 되지 않을까 싶다.

그래도 이 단어를 한번 살펴보자.

cardiopulmonary는 '심폐'에 해당하는데, 이것을 나누면 앞의 cardio는 '심장', 뒤의 pulmonary는 '폐'를 뜻한다. 다음의 resuscitation은 '소생' 또는 '소생술'이라는 뜻이다. '부활'이라는 의미도 있어 resurrection과 비슷한 단어라고할 수 있다. 자주 사용되는 단어는 아니지만, 결정적인 시험 문제에서 만날지도 모른다. 초등학생이라면 무시해도되지만, 고등학생이라면 무시하면 안 된다. 큰코다칠지 모른다.

학교 급식-
대체식 먹는 날

*

치즈케이크, 두부도넛, 구운 달걀, 꿀떡, 청귤 주스. 오늘 학교 급식 메뉴는 이렇게 구성되었다. 급식실 조리 종사자의 파업으로 인해 대체식이 도착한 것이다. 이틀 전, 경기도교육청과의 타협으로 파업은 철회되었지만, 이미 주문된 음식을 취소할 수 없어서 그냥 먹게 되었다. 작년에도 대체식을 먹은 일이 있었는데, 이번 대체식은 작년보다 훨씬 나았다. 구운 달걀도 두 개나 있었고, 꿀떡도 나왔다. 이 정도 메뉴라면 한 달에 한 번쯤은 대체식을 먹어도 아이들은 좋아할 것 같다.

그렇다고 해서 학교 급식실 조리 종사자의 파업을 옹호하거나 권장하는 것은 아니다. 조리 종사자의 파업은 학교 급식을 먹는 학생이나 교직원에게 반가운 일은 아니다. 다만, 법적으로 허용된 쟁의 행위라고 하니 불편한 마음을 드러내기도 어렵고, 뭐라 말하기도 조심스럽다. 그래도 종사자들의 입장은 이해가 된다. 그리고 그들의 업무 환경과

처우는 개선되어야 한다. 급식실 종사자들의 업무는 매우 고되며, 근무 환경도 열악하다. 무거운 조리 기구를 들어야 하고, 옮겨야 하며, 습한 환경 속에서 뜨거운 열기를 견디고, 음식 냄새가 가득한 공기를 마셔야 한다.

　세린초등학교의 급식은 맛있고 영양가 높기로 유명하다. 영양 교사와 조리사를 비롯한 모든 급식 종사자들이 정성을 다해 급식을 준비한다. 본인들이 힘들더라도 학생들이 맛있게 먹고 튼튼하게 자라나는 모습을 보는 것이 더 좋다고 한다. 조금이라도 편하고 싶은 마음을 먹으면 음식 맛이 눈에 띄게 떨어진다고도 한다. 아무튼 이러한 노력과 마음가짐 덕분에 세린초등학교 급식은 아주 맛있다는 평을 받고 있다. 아이들도, 학부모들도 세린초등학교 급식에 대한 만족도가 매우 높다.

오 에스 식사법

*

건강이: 먹보야~ 너 또 탄산이랑 튀김 먹었지?

먹보: 에이~ 맛있는데 어떡해~ 근데 또 뭐 먹으면 안 된다고요?

선생님: (손에 팻말 들고) 탄산! 탄수화물! 튀김! 줄이는 대신, 오늘부터 '오 에스' 식사법으로 건강 지키자!

건강이: 오 에스? 그게 뭐에요?

영양사 선생님: 자~ 따라 해 봐요! 오 에스에는 5가지 S가 있어요! 첫 번째 S! Sometimes!

건강이: 가끔만 먹기~!

먹보: 일주일에 한 번 정도면 되겠네~

영양사 선생님: (작은 그릇 보여 주며) 두 번째 S! Small! 조금만! 작은 그릇에 덜어 먹어요~

먹보: 왕 그릇은 이제 안녕~

영양사 선생님: (숟가락 천천히 드는 모습) 세 번째 S! Slow! 천~천히 꼭꼭 씹어 먹기!

건강이: 우걱우걱 말고 꼭꼭!

체육 선생님: (땀 흘리며 달리기) 네 번째 S! Sports! 먹었으면 뛰어야지! 운동 필수!

먹보: (숨차면서) 나도 달릴래요~!

영양사 선생님: (반찬을 가리키며) 다섯 번째 S! Side dish! 반찬부터 먹어요! 채소, 달걀, 생선!

건강이: 밥보다 반찬 먼저~ 건강 짱!

선생님: '탄탄튀'는 줄이고! '오 에스'는 꼭 기억해요!

함께: Sometimes! Small! Slow! Sports! Side dish! 우리는 건강 지킴이!

　　두꺼비 선생님

별빛 독서 축제-
시간 가게

✳

　세린초등학교에서는 해마다 6월에 '별빛 독서 축제'를 개최한다. 이 행사는 3학년과 4학년 학생들을 대상으로 신청을 받아, 신청한 학생들과 함께 저녁 6시 30분부터 약 두 시간가량 진행된다. 독서 축제는 미리 지정된 책을 읽고 학습지를 작성하며, 작가에게 할 질문도 준비하는 활동이다. 이 중에서도 작가와의 대화가 핵심이다.

　2024년에는 『시간 가게』를 쓴 이나영 작가를 초청하여 별빛 독서 축제를 열었다. 이런 축제에 참여하여 적극적으로 활동하는 아이들이 정말 대단하다고 생각된다.

　내가 초등학교에 다닐 때는 '고전 읽기반'이라는 동아리가 있었다. 나는 고전 읽기에 흥미가 없어 참여하지는 않았지만, 가까운 친구 두 명이 그 동아리에서 활동하고 있어서 이야기를 자주 들을 수 있었다. 그리스·로마 신화를 읽은 이야기, 세계 명작 동화를 읽은 이야기 등, 제목조차 생소한 책들을 이야기할 때면 그 친구들이 무척 부러웠다.

그중 한 친구는 고전 읽기 대회에 나가 상을 받아 오기도 했고, 결국 공부도 잘해서 좋은 대학교에 들어가고 훌륭한 사람이 되었다.

'나도 그때 책을 좀 더 읽었더라면, 더 교양 있는 사람이 되었을까? 마음이 더 선한 사람이 되었을까? 더 많은 삶의 지혜를 갖추고 살아갈 수 있지 않았을까?' 하는 아쉬움이 남는다.

아무튼 이렇게 독서 활동에 흥미를 갖고 독서 행사에 참여하는 아이들이 참 대견하다. 이나영 작가님도 차분하고 다정하게 설명해 주시고, 아이들의 질문에도 성심껏 답해 주셨다. 마지막에는 『시간 가게』 책에 사인도 해 주셨다. 오늘 행사에 참여한 모든 아이들이 독서에 대한 자신감과 흥미를 더욱 키웠을 것이라고 확신한다. '책 든 손 귀하고, 읽는 눈 빛난다'라는 격언이 항상 가슴에 '찡!' 하고 와닿는다.

입학 백 일 잔치

　세린초등학교에서는 해마다 입학 백 일 잔치를 한다. 즉, 신입생이 입학식을 하고서 백 일이 되는 날에 입학 백 일 잔치를 하는 것이다. 입학식을 3월 4일에 했다면, 입학 백 일 잔치는 6월 12일에 하게 된다. 마치 아이가 엄마 배에서 나온 후 백일이 되는 날에 백일 잔치를 하듯이 말이다.

　학교에서 입학 백 일 잔치를 하는 날에는 보통 강당에 풍선으로 장식하고 간단한 축하 공연을 보기도 한다. 물론 강당에 가지 않고 각자 자기 교실에서 학급별로 더 알차게 백 일 잔치 행사를 하는 때도 있다. 입학 백 일 떡은 집으로 가져가서 가족과 함께 나눠 먹는다. 가정에서 평소 생일 파티 같은 축하의 날에는 비싸고 맛있어 보이는 케이크나 떡을 먹는 경우가 많지만, 학교에서 받아 간 백일 떡을 집에서 가족과 함께 나눠 먹으면, 그 떡이 그리 비싸거나 귀한 떡이 아닐지라도 맛은 더 좋다는 것이 학생과 학부모님의 한결같은 반응이라고 한다.

사람은 살아가면서 여러 번의 잔치를 한다. 백일 잔치, 돌잔치, 생일 잔치, 환갑잔치, 칠순 잔치, 팔순 잔치 등이 있다. 그러면 백일 잔치는 왜 할까? 백일 잔치는 사람이 태어난 지 백 일이 지나도록 건강하게 잘 자라고 있으면, 이제 더 이상의 큰 병 없이 무럭무럭 건강하게 잘 자랄 수 있다고 믿는 것이다. 따라서 입학 백 일 잔치도 학교에 입학한 지가 백 일이 지났으므로, 앞으로 공부를 충분히 잘 할 수 있는 자격과 능력이 갖추어졌다고 말할 수 있다. 그러므로 백 일 잔치 이후에는 더 안심하고 열심히 공부하면 되는 것이다. 신나게 뛰어놀고, 친구와 잘 지내며, 이웃에 도움이 되는 멋진 어린이가 되어야 한다.

안전하고 말끔한 안말초등학교

사람들은 안말초등학교를 두고 이런저런 이야기를 한다. 어떤 이는 '암말도 없는 학교'라고 한다. 민원도 없고, 건의도 없고, 그저 조용하기만 하다는 뜻이다. 반대로 '암말이나 다 하는 학교'라고 말하는 사람도 있다. 민원이 많고, 건의가 끊이지 않으며, 국민신문고에도 자주 이름이 오르내리는 학교라고. 심지어 '암말은 있는데, 수말은 어디 있냐'고 묻는 사람도 있다. 또 어떤 이는 '편안할 안(安)'과 '끝말(末)' 자를 붙여 '말년이 편안한 학교'라고 해석하며, 정년퇴직을 이 학교에서 하는 교장이 많다고 농담처럼 말하기도 한다.

그러나 이런 말들은 절반은 농담이고, 절반은 오해다. 안말초등학교를 정말 아는 사람들, 이곳에서 함께 생활한 교직원과 학부모는 안다. 안말초등학교는 '안전하고 말끔한 학교'라는 사실을. 학교의 구조부터 그렇다. 외부에서 보면 단정하고 정돈된 느낌을 준다. 기역(ㄱ) 자 모양으로 지어진 건물은 모서리 하나, 벽 하나 허투루 만든 곳 없이 깔끔하고 효율적이다. 학교 외벽에는 덧붙이거나 임시로 붙인 구조물이 없어, 처음 설계한 그대로의 완성된 모습을 지니고 있다. 특히 중앙 현관을 들어서면 마주하게 되는 넓고 높은 중정(中庭)은 학생과 교직원 모두에게 탁 트인 느낌을 준다. 아침 햇살이 중정을 통해 쏟아질 때면 마치 학교 전체가 환해지는 듯하다. 그래서일까? 교실로 향하는 학생들의 표정도 언제나 밝고 가볍다.

학교를 둘러싼 환경도 안전함과 말끔함의 본보기다. 학교 담장 안과 밖은 시야가 막히는 공간 없이 시각적으로 개방되어 있다. 음침하거나 후미진 곳이 없어, 불필요한 걱정 없이 학생들을 바라볼 수 있다. 교내 모든 공간은 한눈에 들어오는 구조로 되어 있어, 누가 감히 허튼짓을 하려 해도 용기를 내기 어렵다.

등하굣길 또한 잘 정비되어 있다. 언덕이나 급경사가 없어 어린이들이 걷기에 안전하고, 차량 통행도 비교적 원활하다. 물론 도시 한복판에 위치한 만큼 교통사고의 위험은 항상 존재한다. 그래서 학교는 학생 안전을 최우선 과제로 삼아 늘 등하교 지도를 철저히 하고 있다.

이 과정에서 많은 분들의 도움이 큰 힘이 된다. 녹색학

부모회는 이른 아침부터 나와 안전한 등굣길을 만들어 주신다. 학부모 폴리스는 교내 이곳저곳을 순찰하며 학생들의 안전한 교육 활동 시간을 함께 지켜 주신다. 이런 분들이 있어 안말초등학교는 단지 '조용한 학교'가 아니라, '안전하고 말끔한 학교'로 우뚝 설 수 있는 것이다. 안말초등학교. 그 이름처럼 아이들의 하루가 '안전하게 시작되고, 말끔하게 마무리되는 곳'. 그게 진짜 '안말'의 뜻이다.

한별반의 멋진 약속-
첫 번째 이야기

봄바람이 살랑살랑 불던 3월 4일, 세린초등학교 한별반에는 설레는 얼굴들이 가득했어요. 선생님은 밝은 목소리로 말했어요.

"얘들아, 1년을 멋지게 보내는 우리 반을 함께 만들어 보자! 그냥 의미 없이 흘러가 버리는 1년이 아니라, 멋지고 보람된 1년을 보내고 싶거든. 그러기 위해서는 우리가 다음의 열 가지 약속을 잘 지켜야 해."

아이들은 눈을 반짝이며 선생님의 이야기에 귀를 기울였어요.

1. 시간을 지켜요!

"첫 번째 약속! 지각하거나 결석하지 않기! 아침 8시 40분까지 학교에 오고, 9시부터는 수업이 시작되니까 늦지 않도록 하자. 그리고 너무 일찍 오지도 말고!"

윤아가 말했어요.

"그럼 아침밥은 꼭 먹고 와야겠어요! 배고프면 공부가 안 돼요!"

"맞아! 실내화 신은 채로 오는 것도 안 돼요. 걸어서 안전하게 학교에 오고, 자가용 등교는 원칙적 금지. 기억하자!"

선생님이 웃으며 말씀하셨어요.

2. 과제는 미루지 않아요!

"두 번째 약속은 과제는 제때 하기! 일기나 독서록, 조별 과제도 빠지지 않고! 집에 가서도 복습을 해 보자."

서현이는 자신 있게 말했어요.

"저는 오늘부터 학교 공부 끝나고 집에 가면 숙제부터

할 거예요!"

3. 책도 읽고 몸도 움직여요!

"세 번째 약속은 독서, 운동, 공부를 꾸준히 하기! 책을
많이 읽으면 생각이 자라고, 운동은 몸을 튼튼하게 해 줘."
　태우는 손을 번쩍 들고 말했어요.
"선생님! 저는 요즘 '줄넘기 100개' 도전 중이에요!"
　선생님은 박수를 힘차게 쳐 주셨어요.
"멋지다! 걷기, 달리기, 태권도, 수영도 좋아.
공부도 문제집, 글쓰기, 영어처럼 골고루 해 보자!"

4. 어른 말씀에 귀 기울여요!

"네 번째 약속은 선생님과 부모님 말씀 잘 듣기! 학교와
집에서 정해진 규칙을 잘 지키는 것도 중요해요."
　현규는 고개를 끄덕이며 말했어요.
"저는 이번 주말에 마트 심부름도 다녀왔어요!"

"아주 훌륭하네! 집에서도 맡은 역할을 다하면 멋진 사람이 될 수 있어요."

5. 친구들과 사이좋게 지내요!

"다섯 번째 약속은 학교 폭력은 절대 안 돼요! 친구에게 장난을 너무 심하게 치면 다툼이 되고, 그게 폭력이 될 수도 있어요."

도원이는 걱정하며 말했어요.

"친구가 속상해하면 바로 사과해야겠어요."

선생님이 고개를 끄덕이며 말했어요.

"맞아. 고운 말 쓰기, 양보하기, 빠르게 사과하기 그리고 누군가 괴롭힘을 당하면 꼭 선생님께 이야기하기!"

선생님은 칠판에 큼직하게 써 주셨어요.

멋진 1년을 위한 한별반의 5가지 약속!

늦지 않고 안전하게 등교해요! 과제를 성실히 해요!

책도 읽고, 운동도 해요! 선생님과 부모님 말씀 잘 들어요!

친구와 사이좋게 지내요!

그날 집에 가던 길, 재준이는 지환이에게 말했어요.

"우리 진짜 멋진 1년 보내 보자. 매달 얼마나 잘 지키고 있는지 체크도 해 볼래?"

"좋아! 한별반이니까 한별처럼 튼튼하고 알찬 사람이 되자!"

두 친구는 웃으며 학교 문을 나섰어요.

올해, 한별반에는 틀림없이 즐겁고 멋진 일들이 가득할 거예요.

두꺼비 선생님

한별반의 멋진 약속-
두 번째 이야기

✳

세린초등학교 한별반 아이들은 새 학기를 맞아 선생님과 함께 1년 동안 지켜야 할 '멋진 약속'을 정했어요. 지난번엔 첫 번째 다섯 가지 약속을 배웠죠. 오늘은 나머지 다섯 가지를 배우는 날이에요!

6. 우리 함께해요!

"얘들아, 여섯 번째 약속은 친구들과 힘을 모으는 것이야."
선생님이 말씀하셨어요.

"모둠 활동 할 때, 어떤 친구만 너무 앞서서 하지 않도록 조심하자. 조장 역할도 바꿔 가며 다 함께 참여하는 게 중요해."

윤아가 말했어요.

"맞아요! 저번 미술 시간에 제가 조장만 했는데, 이번엔

서현이한테 맡길래요!"

"우와, 고마워!"

서현이가 환하게 웃었어요.

7. 친구 마음도 소중해요!

"일곱 번째 약속은 친구의 마음을 아프게 하지 않는 것이야."

선생님은 아이들을 바라보며 말했어요.

"말 한마디가 친구를 기쁘게도, 슬프게도 할 수 있어. 항상 배려하고 친절한 말을 쓰자."

태우는 손을 들고 말했어요.

"저는 친구가 실수했을 때 '괜찮아!' 하고 웃어 줬어요!"

"참 잘했어요! 그리고 친구가 내 마음 몰라준다고 너무 속상해하지 마. 남은 내가 아니거든. 내가 좋은 친구가 되면, 좋은 친구들이 모이게 되어 있어."

8. 안전이 먼저예요!

"여덟 번째 약속은 몸을 다치지 않도록 조심하는 거야."

선생님은 복도에서 뛰는 아이들의 모습을 떠올리며 걱정하셨어요.

"계단이나 운동장에서 뛰면 넘어질 수 있어. 스마트폰 보면서 걷는 것도 위험하고!"

유선이는 말했어요.

"전 엊그제 횡단보도에서 초록불 커졌을 때도 좌우를 보고 천천히 건넜어요!"

"아주 잘했어요! 그리고 감기나 전염병 조심하고, 밥도 골고루 먹고, 손도 자주 씻자!"

9. 잠은 건강의 마법 약!

"아홉 번째 약속은 일찍 자고 일찍 일어나기!"

선생님이 손가락으로 9를 들어 보이며 말했어요.

"하루에 9시간 이상 잠자기가 좋아. 밤 10시 전에는 잠들 수 있도록 하자."

서현이는 말했어요.

"저는 요즘 밤 9시 30분쯤 자요. 아침에 개운해요!"

"정말 멋져요! 그리고 저녁 식사 이후 잠자기 전까지 탄산 음료나 간식 먹지 않기! 이것도 중요한 약속이야. 그냥 물은 마셔도 돼."

10. 게임보다 내가 더 중요해요!

"마지막 열 번째 약속!"

선생님이 말을 이었어요.

"스마트폰이나 컴퓨터 게임은 시간을 정해 두고 짧게! 너무 오래 하면 눈도 아프고, 공부도 집중이 안돼. 무엇보다 엄마가 마음 아파 해요."

윤아가 고개를 끄덕였어요.

"게임을 오래 하면 진짜 피곤하고 짜증도 나요. 이젠 하루 한 시간만 할래요!"

"그래, 잘했어요. 미래의 나를 위해 지금부터 좋은 습관을 만들어 보자."

그날 수업이 끝난 뒤, 한별반 친구들은 다 함께 외쳤어요.

"우리 약속, 꼭 지켜요!"

그리고 교실 뒤쪽 게시판에는 '한별반의 멋진 약속- 10 가지 습관'이라고 적힌 종이가 붙었어요. 그날 한별반 교실 창가에는 햇살이 반짝였어요. 아이들의 얼굴도 햇살처럼 밝고 따뜻했답니다.

큐레이터와 함께하는
'나는 도슨트'

✳

진로 체험 교육 프로그램의 하나로, 3학년 학생들을 대상으로 하는 '나는 도슨트' 수업이 열린다기에 체육관에 가 보았다. 안으로 들어서니 이미 수업은 시작된 상태였고, 큐레이터 선생님은 열정적으로 강의하고 계셨다. 학생들 역시 집중한 모습으로 수업에 몰입하고 있었다. 체육관 가장자리에는 입구부터 반대편까지 이젤 위에 명화들이 전시되어 있어, 공간 분위기를 더욱 품격 있게 만들어 주었다.

전시기획자 또는 학예연구사로 번역되는 '큐레이터(curator)'라는 단어는 익숙했지만, '도슨트(docent)'는 조금 낯설게 느껴졌다. 사전을 찾아보니 도슨트는 주로 박물관, 미술관, 전시회 등에서 관람객에게 전시 내용을 설명해 주는 해설사라고 한다. 쉽게 말하면, 전시 가이드를 맡는 사람이다.

사실 어제 집에서 도슨트가 미술 작품을 해설해 주는

유튜브 영상을 세 시간 넘게 보았다. 놀랍게도 도슨트들은 작품에 대해 세세한 정보까지 꿰고 있었고, 설명도 쉽고 재미있게, 귀에 쏙쏙 들어오게 전달해 주었다. '얼마나 공부를 많이 해야 저렇게 박식해질 수 있을까?' 하는 부러움이 절로 나왔다. 그런 도슨트 역할을 오늘 하루 3학년 아이들이 직접 체험한다니, 기특하고 대견하지 않을 수 없었다.

'아는 만큼 보인다'라는 말이 있다. 어제 미리 공부를 해 둔 덕분인지, 전시된 그림 중 몇몇은 눈에 익었다. 특히 클림트의 〈키스〉는 단번에 알아볼 수 있었고, 고흐의 〈별이 빛나는 밤〉은 모르는 사람이 없을 만큼 인상적이었다. 〈해바라기〉도 눈에 띄었고, 샤갈의 작품도 보였다. 이미 관심 있는 많은 사람들은 미술 작품에 대한 감수성을 키워 가고 있었다. 반면, 나는 너무 늦게 미술 작품을 마주한 것 같았다.

이제부터는 박물관이나 미술관에 갈 때, 미리 공부도 좀 하고 가야겠다는 생각이 든다. 다녀와서 복습하는 것도 좋지만, 더 중요한 건 그 현장에서 작품과 마주하며 배우는 일이다. 실물을 보며 대화하듯 감상할 것이다. 지금껏 나는 의미도 모른 채 박물관과 미술관을 그냥 스쳐 지나

갔던 것 같다. 앞으로는 더 자세히 보고, 듣고, 익혀야겠다. 그래야 세상의 흐름을 조금이나마 따라갈 수 있을 것이다. 모르고, 뒤처지는 것은 결코 자랑이 아니다.

두꺼비 선생님

학교에서
상자 텃밭 가꾸기

✳

　세린초등학교에는 텃밭 상자가 있다. 정문에서 중앙 현관으로 들어오는 진입로에 상자 47개가 한 줄로 쭉 늘어서 있다. 해마다 여기에 채소를 재배해 왔다. 작년 1학기에는 5학년이 애플수박, 참외, 방울토마토 등을 재배하였다. 2학기에는 6학년이 배추와 무를 길렀다. 농사가 풍작을 이루었다.

　그런데 1학기에 심은 애플수박이나 참외는 줄을 타고 올라가기 때문에 학교 시설 주무관이 줄 시설을 설치해야 했다. 방울토마토도 키가 무척 자라는 작물이라서 마찬가지다. 결국 아이들이 관리하기가

적절하지 않았다. 줄을 타고 멋지게 올라가고, 열매가 충실하게 달리고 잘 익어 가니 보기에는 무척 좋았지만, 아이들이 직접 체험하기에는 적절하지 않았다.

그래서 올해는 키가 작은 작물을 재배하기로 했다. 비록 재배하는 작물이 멋지게 줄을 타고 오르지는 않을지라도 체험 활동에 초점을 맞추자는 것이다. 감자, 상추, 가지, 고추, 토마토 등을 재배하기로 했다. 올해에 또 달라진 점은, 3학년이 재배한다는 것이다. 작년에는 5학년이 재배했었다. 혹시 올해에 5학년이 재배할 것으로 기대한 5학년 학생이 있다면 좀 섭섭하겠다. 혹시 2학기에 기회가 있을지 모르겠다.

두꺼비 선생님

사실 나도 농촌 출신이라 농사일에 관심이 많다. 고등학교 다닐 때까지 농사일을 도왔었다. 다행인지 불행인지, 우리가 가진 논밭이 많지 않아서 많은 고생은 하지 않았다. 아무튼 요즘도 농촌에 가서 땅을 좀 사서 농사일을 하고 싶은 생각은 있다. 다만 용기가 부족할 뿐이다. 농사일이 얼마나 힘든 일인지 알기 때문에 걱정이 앞선다. 갈수록 나이가 많아지면 농사일이 힘에 부칠 것 같은 걱정도 있다. 농사일에서 반드시 겪어야 하는 풀과의 싸움에서 이길 자신이 없어서 망설여진다. 벌레와 뱀, 쥐, 나방, 모기, 파리와 함께 살아갈 일이 마음에 내키지 않는다. 혹시 다시 땅을 팔고 나올 일이 있을 때 잘 팔릴지도 걱정된다. 그래서 용기가 필요하다. 아마 평생 고민만 하다가 결정은 하지 못하고 세월만 흐를 것 같다.

교장 선생님 특별 인터뷰-
하루

세린초등학교 어린이신문 특별 인터뷰, 초등학생 기자 범수가 간다!

기자 범수: 안녕하세요, 교장 선생님! 요즘 친구들이 '교장 선생님은 학교에서 도대체 무슨 일을 하실까?' 하고 궁금해해요. 수업도 안 들어오시고, 자주 안 보이시니까요.

교장 선생님: 안녕하세요, 범수 기자님. 맞아요, 친구들이 저를 잘 못 보니까 무슨 일을 하는지 궁금해할 수 있어요. 특히 1학년이나 2학년 친구들은 '교장 선생님은 뭐 하시는 분이지?' 하고 생각할 수도 있겠네요.

기자 범수: 네, 저도 사실 4학년이 될 때까지는 잘 몰랐어요. 교장 선생님은 수업도 안 하시고, 어디 계신지도 잘 모르겠고요!

교장 선생님: 하하, 이해돼요. 사실 교장 선생님이 제일 많이 하는 일은 '전자 결재'에요. 쉽게 말하면, 학교에서 해야 할 일들을 컴퓨터로 확인하고, 결정을 내리는 일이죠. 예전에는 종이에 도장을 찍었는데, 요즘은 컴퓨터로 버튼을 눌러서 결재해요. 이건 공무원뿐만 아니라 대부분의 크고 작은 회사에서도 다 그렇게 해요.

기자 범수: 와, 컴퓨터로 학교 일들을 처리하시는 거군요! 그럼 교장 선생님은 아침에는 몇 시쯤 학교에 오세요?

교장 선생님: 출근 시간은 원래 8시 40분인데, 저는 아침 7시 20분쯤 도착해요. 거의 밥 먹고 바로 집에서 나와요. 걸어오는데, 사실은 거의 뛰어요! 운동도 되고, 횡단보도 보행 신호등에 맞추려고 뛰기도 하죠. 그래서 교장실에 도착하면 옷이 땀에 젖어서 옷을 갈아입기도 해요.

기자 범수: 우와! 그렇게 이른 시간에요? 그러면 학교 오셔서 제일 먼저 뭐 하세요?

교장 선생님: 먼저 컴퓨터를 켜고, 캘린더를 열어서 오늘

일정이 뭔지 확인해요. 미리 일정에 따른 준비를 해요. 주요 뉴스도 잠깐 확인해 보고요. 그러다 8시 35분쯤 되면 아이들 등교하는 모습도 볼 겸 밖으로 나가기도 하고, 상황에 따라서 1층 현관이나 교실 복도에 가요. 근데 아침 독서나 수업 준비 때문에 복도에서 친구들을 자주 만나지는 못하죠.

기자 범수: 그럼 교장 선생님은 다른 선생님들과도 많이 이야기하시나요?

교장 선생님: 그럼요. 교감 선생님은 하루에 보통 두 번 정도 교장실에 와요. 학교 행사나, 선생님들, 학생들 관련된 일들을 많이 상의하며 이야기해요. 교무부장 선생님이나 행정실장 선생님도 가끔 와서 상의하죠. 그리고 많은 선생님들이 각자 업무에 따른 크고 작은 협의회도 많이 한답니다. 그런데 보통은 선생님들이 교장실에 자주 오지는 않아요.

기자 범수: 아, 그렇군요? 많은 결정을 컴퓨터로 하고, 또 메신저를 이용하니 교장실에 직접 안 오시는 거군요! 그럼

교장 선생님은 하루 종일 결재만 하세요?

교장 선생님: 아니요, 시간이 날 때는 인터넷으로 강의를 듣거나 책을 읽고, 글을 쓰기도 해요. 또 교육청에서 보내온 자료나 설명서를 자세히 읽기도 하고요. 너무 오래 앉아 있으면 눈, 손목, 허리도 아프기 때문에 일어나서 교장실 안에서 걷기도 하고, 교장실에 있는 철봉에 매달리기도 해요.

기자 범수: 헉, 철봉이 교장실에도 있어요?

교장 선생님: 저기 보이지요? 운동도 되고, 스트레칭도 돼요. 때로는 창밖을 멍하니 보거나, 운동장에서 노는 아이들을 가만히 바라보기도 해요. 아이들은 역시 운동장에서 놀 때 진짜 행복해 보여요.

기자 범수: 와~ 교장 선생님, 오늘 정말 재미있는 이야기 감사합니다! 친구들이 이제 교장 선생님이 어떤 일을 하시는지 더 잘 알 것 같아요!

교장 선생님: 고마워요, 범수 기자! 앞으로도 친구들과 함께 학교에 대해 궁금한 게 있으면 언제든지 물어보세요. 교장 선생님은 항상 여러분을 응원하고 있답니다.

어린이 기자 정범수(5학년 장미반)

발행일: 2025년 5월 15일

장소: 교장실

교장 선생님 특별 인터뷰-
나이, 키

✳

세린초등학교 어린이신문 특별 인터뷰, 초등학생 기자 범수가 간다!

기자 범수: 안녕하세요, 교장 선생님! 오늘은 친구들이 정말 궁금해하는 두 가지를 여쭤보려고 왔어요. 바로 나이와 키예요!

교장 선생님: 하하, 범수 기자님! 갑자기 '나이키' 이야기 인가요? 운동화 얘기는 아니죠?

기자 범수: 아니에요! '나이'와 '키'요! 운동화 브랜드 말고요. 친구들이 교장 선생님의 나이가 몇 살인지 궁금해하더라고요.

교장 선생님: 어른들 나이를 묻는 것은 실례인데요. 이걸 어쩌나!

기자 범수: 그래서 기자가 달려왔잖아요! 실례를 무릅쓰고요.

교장 선생님: 그리고 한 가지 더. 어른들께는 '나이'라는 말 대신에, "연세가 어떻게 되세요?" 하고 물어야 예의에 맞아요.

기자 범수: 아, 제가 깜박했어요. 죄송합니다.

교장 선생님: 사실 제 나이는 좀 복잡해요. 지금은 64살, 그러니까 우리 옛날식 나이로 그렇고요. 요즘 기준으로 하면 63살쯤이 맞아요. 그런데요, 저의 부모님께서 서류 등록 절차를 잘 몰라서 동네 이장님께 부탁했는데, 이장님이 차일피일 미루다가 늦게 등록을 하는 바람에 실제보다 많이 늦어졌어요.

기자 범수: 저도 할아버지께 그런 얘기를 들었어요. 옛날, 저희 할아버지 연세 정도에는 그렇게 실제보다 늦게 등록을 한 경우가 많다고 하셨어요.

교장 선생님: 역시, 범수 기자님은 아는 것이 많군요. 그런 이유로 주민 등록을 늦게 등록해서 생일이 원래보다 1년 5개월이나 늦게 올라가 있어요. 원래는 9월생인데, 등록은 다음다음 해 2월로 돼 있거든요. 그래서 정말 정확히 따지면 올해 61살이 되는 셈이죠. 저도 헷갈릴 때가 많아요.

기자 범수: 우와! 교장 선생님은 연세가 세 개나 있는 셈이네요! 친구들한테 전달하면 친구들이 상당히 헷갈리겠다 싶어요.

교장 선생님: 맞아요. 그래서 누가 물어보면 그냥 옛날식 나이를 말해요. 또는 임인년(壬寅年)생, 범띠라고도 말하기도 해요.

기자 범수: 그럼, 이번엔 키를 여쭤볼게요! 교장 선생님 키는 몇 cm예요?

교장 선생님: 하하, 키를 물어보는 초등학생은 없던데, 별일이 다 있군요. 키가 작아서 밝히기에는 자존심도 상

하는 일인데, 아무튼 제 키는 168cm입니다. 근데 재미있는 건, 저는 결혼하고 나서도 키가 자랐어요. 보통은 고등학생 때 다 크잖아요? 그런데 저는 고등학교 1~2학년 때 많이 컸고, 결혼 후에도 조금 더 컸어요. 그래봐야 168이긴 하지만요.

기자 범수: 오, 좀 늦게까지 크신 거네요? 저희 반 친구 중에도 요즘 키가 쑥쑥 자라는 애들이 많아요. 그런데 몸무게도 궁금해하는 친구가 있던데요?

교장 선생님: 그것도 밝힐까요? 사실 작년보다 8kg 정도 빠졌어요. 라면과 햄버거, 치킨, 콜라와 같은 '탄탄튀'를 많이 줄이고, 학교로 출근할 때 걸어 다니고 뛰어다니다 보니 살이 많이 빠졌어요. 예전에 입던 바지는 허리가 헐렁해서 못 입을 정도예요. 허리가 줄줄 흘러내린다니까요! 몸이 가벼워져서 활동하기는 편하지만, 오랜만에 만난 사람들이 깜짝 놀라요. "아니, 왜 이렇게 살이 많이 빠지셨어요?" 하고요.

기자 범수: 교장 선생님, 몸도 가벼워지고 건강해지셔서

다행이에요! 친구들도 앞으로는 '나이키' 얘기를 하면 교장 선생님의 나이와 키가 먼저 생각날지도 몰라요! 오늘 재미있는 이야기 정말 감사합니다!

교장 선생님: 네, 범수 기자님, 수고 많았어요.

학년별 체육 대회

하늘도 무심하다. 결국 비가 쏟아졌다. 오늘은 3학년이 1~2교시, 4학년이 3~4교시에 체육 대회를 하는 날이다. 아침에 일기 예보를 검색해 보니 오전 1~2교시 정도에 비 올 확률이 80%인데, 강수량은 0mm, 3~4교시 정도에는 1mm로 나왔다. 그렇다면 3학년은 비를 맞지 않고 무사히 체육대회를 끝낼 수 있을 것으로 기대했었다. 그런데 9시 30분경에 천둥이 치고 번개가 번쩍하더니만, 곧바로 비가 한두 방울 떨어지기 시작하였다. 3학년이 첫 번째 프로그램인 '컵 쌓기 이어달리기'를 겨우 마치고, 더 이상의 체육 대회를 포기하고 교실로 들어가자마자 운동장은 이미 흠뻑 젖었다. 하늘이 하는 일은 어떻게 손을 쓸 수가 없다. 체육관에서는 다른 학년이 체육 수업을 하기 때문에 미리 조정을 하지 않고는 이용이 어렵다.

1학년과 2학년은 어제 운동장에서 비 걱정 없이 체육 대회를 잘 마무리하였다. 1학년은 학급별로 진행하는 코너

학습 형태의 대회를 가졌고, 2학년은 학년 전체가 함께 프로그램을 진행하는 학급 겨루기 형식의 대회를

하였다. 학생들은 승패를 떠나 맑은 공기를 마시며 드넓은 운동장에서 각자 자신의 체력을 점검해 보고, 운동 실력을 발휘하였다. 대회 프로그램에 따라 달리기가 빠른 사람이 유리하기도 하고, 키가 큰 사람이 유리하기도 하지만, 아무래도 재치가 있는 사람이 대회를 유리하게 잘 이끌었다.

세린초등학교에서는 위와 같이 해마다 5월 초에 학년별 체육 대회를 한다. 체육 교과 전담 선생님과 함께하는 체육 수업이 교육과정 운영 계획에 따라 재미있고 알차게 운영되기는 하지만, 학년 전체가 담임 선생님 지도하에 체육 대회를 가짐으로써 학생 상호의 우정을 다지고, 협동 정신과 공동체 의식을 기른다는 의미가 있다.

학년에서 준비한 여러 프로그램이 학년별 발달 단계와 교육 과정의 목적, 자발적 참여와 즐거움을 고려하였다는 것은 잘 이해한다. 그러나 내가 꺼리는 프로그램이 있다. 신발 던지기 게임이다. 나는 귀중한 내 신발을 던지고 싶지 않다. 또 하나는 카드 뒤집기 게임이다. 앞사람이 열심히 뒤집어 놓은 카드를 왜 다시 뒤집어서 앞사람의 노력을 헛되게 만드는가! 내가 꺼리니 하지 말라는 것은 아니다.

나는 그렇다는 것이다.

다음 날, 5학년과 6학년은 미세먼지 하나 없는 맑은 하늘에서 체육 대회를 즐겼다. 이번에는 하늘이 도왔다.

학부모회 건의 사항

　해마다 학부모회에서는 학교에 여러 건의 사항을 제시한다. 학교 측도 이를 매우 관심 있게 받아들이고, 해결을 위해 노력한다. 교장, 교감, 행정실장이 머리를 맞대어 의논한다. 업무 담당자와도 협의한다. 때로는 전체 교사의 의견도 들어 본다.

　방법만 조금 바꾸면 해결되는 사안도 있지만, 예산을 들여 공사를 해야 하는 경우도 있다. 어떤 건의는 수용하기 어려운 것도 있으며, 학부모 간 입장이 엇갈리는 경우도 있다. 해마다 반복되는 단골 건의도 있는데, 이는 한때 해결되었으나 다시 상황이 악화되어 다시 건의되는 경우다.

　화장실 악취 문제는 매년 빠지지 않고 제기된다. 화장실 청소는 미화 실무사가 날마다 한곳도 빠짐없이 말끔하게 마무리하지만, 말 그대로 돌아서면 또 어질러지기 일쑤다. 여름철이나 냄새가 심할 때는 청소 용역을 계약하여 대청소를 실시하여 일단 큰불은 끄지만, 화장실의 특성상 악

취를 완전히 제거하는 데는 한계가 있다.

"신발주머니를 들고 다니지 않게 해 달라"는 건의도 매년 올라온다. 내가 보기에도 아이들이 학교에 올 때 짐이 너무 많다. 책가방, 방과 후 가방, 신발주머니에, 비 오는 날은 우산까지 들어야 한다. 신발주머니 하나만 줄여 주어도 좋겠지만, 이를 결정하기가 쉽지 않다. 중앙 현관에 신발장을 설치해야 하나, 공간이 넉넉하지 않다. 아니면 교실까지 운동화를 신고 올라가 복도에 있는 신발장에 벗어 놓고 실내화로 갈아 신는 방법도 있다. 하지만 그렇게 되면 복도와 계단 청소를 더 자주 해야 하고, 미화 실무사의 업무도 늘어난다.

작년에는 학교 대운동회 날 학부모 참관을 허용해 달라는 건의가 있었는데, 약간의 제한을 두어 허가했다. 참관 가능 구역은 운동장 남쪽 끝의 놀이 시설이 있는 곳과 체육관 필로티 구역으로 제한되었으며, 학생과의 접촉은 허용되지 않았다. 천막 설치나 의자 배치는 없었고, 개인별 양산이나 휴대용 의자 지참은 가능했다. 사진 촬영은 참관 허가 구역 내에서만 가능하며, 학생 활동이 진행되는 곳으로 가까이 다가가는 것은 금지되었다. 대운동회 참관에 따른 구역 통제를 위해 학부모회의 봉사도 필요했다.

위의 모든 조건을 학부모님들이 감수하면서 운동회날 학부모 참관이 이루어졌다.

학부모회를 통한 건의 활동은 학부모님의 적극적인 학교 참여로 볼 수 있다. 이는 교직원이 미처 인지하지 못한 학교 상황을 이해하는 데 도움이 되며, 학생 복지 향상과 교육 과정 개선에도 기여할 수 있다. 다만, 학교에서의 처리 결과가 부족하게 느껴지더라도 넓은 이해와 협조가 필요하다.

배우는 즐거움,
익히는 기쁨

glass와 grass

*

glass는 유리컵이고, grass는 잔디를 말한다. 알파벳 엘 (l)과 알(r)의 차이다. 한글에서는 둘 다 리을(ㄹ)로 발음된다. 하지만 영어에서의 발음은 다르다. 엘(l)은 '글래스'처럼 발음하여 엘(l)이 앞 음절의 받침과 뒤 음절의 초성까지 두 번 발음된다. 그러나 r은 단어의 마지막에 쓰이는 경우를 제외하면 받침으로는 발음되지 않고, 음절의 초성에서만 발음된다. '그래스'처럼 말이다. 물론 정확한 발음은 인터넷 사전 등을 통하여 원어민의 발음을 들어 보는 게 좋다.

이처럼 모양이 비슷한 단어를 암기할 때는 혼동이 되는 경우가 많다. glass에서는 엘(l)이 길쭉하고, grass에서는 알(r)이 고불고불하다고 생각하고 암기하면 된다. glass는 길쭉한 유리컵이고, grass는 구불구불한 잔디다. 잔디를 표현하는 영어는 사실 grass보다는 lawn을 많이 사용한다. 골프장이나 공원에서 사용하는 잔디 깎는 기계는 lawn mower이다. 골프장을 golf course 또는 green이라고 하기도 한다. 아무튼 영어에서는 엘(l)과 알(r)의 차이로 뜻이 다른 단어가 많다. 그 예는 다음에 나올 내용에서 참고하길 바란다.

영어 공부에서 단어 암기는 아무리 강조해도 지나침이 없다. 원어민처럼 태어나자마자 영어를 사용하는 나라에서는 영어 단어를 암기할 필요가 없다. 그러나 우리 한국처럼 영어를 일상적인 대화에서 사용하지 않는 나라에서 영어 공부를 해야 하는 사람에게는 영어가 공부가 되고, 단어 암기가 숙명이 된다. 전쟁터에 총을 가지고 나가는 사람에게 많은 총알이 필요하듯이, 영어 공부를 하는 사람에게는 많은 영어 단어의 암기가 중요하다.

왜 초등학생에게 중고등학생들이 공부해야 할 영어 단어들을 소개하느냐고 항의할지도 모른다. 그러나 초등학생이라고 해서 언제까지나 apple과 school처럼 쉬운 영어 단어만 공부하고 있어야 하는가? 언제 만나도 만나야 할 단어들이다. 오늘내일 바로 암기하라는 말이 아니다. 두고두고 꺼내 보면서 하나하나 암기하면 된다. 처음 만났을 때 어려운 단어도 자꾸자꾸 만나 보면 친근해지고, 암기가 된다. 마치 처음 만났을 때 서먹서먹하던 친구가 자꾸 만나서 친하게 되는 것과 같은 이치다.

명동에 사는 형부는
어쩌다 감전이 됐을까?

✳

아들: 아빠, 영어 단어 외우기를 하는데, 자꾸 헷갈려. 어떤 건 명사 같기도 하고, 동사 같기도 하고…. 왜 이리 복잡해?

아빠: 아~ 그건 아주 좋은 질문이야! 영어 공부 할 때 꼭 알아야 할 게 있는데, 그게 바로 '품사'야.

아들: 품사? 그게 뭐야?

아빠: 품사는 단어들이 문장에서 어떤 역할을 하는지 알려 주는 말이야. 마치 운동장에서 축구 할 때 골키퍼도 있고, 공격수도 있고, 수비수도 있잖아? 단어도 문장에서 그런 역할을

맡는 거지!

아들: 오~ 재미있네! 그럼 영어에도 그런 포지션이 있어?

아빠: 그럼! 영어에는 대표적으로 8가지 품사가 있어. 명사, 동사, 형용사, 부사, 접속사, 대명사, 감탄사, 전치사. 이걸 외울 때 사람들이 재미있게 이렇게 외우기도 해. "명동에 사는 형부는 접대하다가 감전됐다."

아들: 진짜 웃긴데? (명)사, (동)사, (형)용사, (부)사, (접)속사, (대)명사, (감)탄사, (전)치사?

아빠: 맞아! 이게 바로 영어의 8품사야. 이걸 알면 영어 문장을 훨씬 쉽게 이해할 수 있어. 단어가 문장에서 어떤 '역할'을 하는지를 알게 되니까 말이야.

아들: 근데 국어 시간에도 품사를 배우잖아. 그거랑 같은 거야?

아빠: 비슷하지만 조금 달라. 한국어에서는 품사를 9가

지로 나눠. 거기엔 '조사'도 있고 '수사'나 '관형사' 같은 게 들어가지. 근데 영어에는 '전치사'가 있어서 그 부분이 좀 달라. 한국어에서의 조사가 영어에서는 전치사인 것처럼, 역할은 비슷하지만 똑같진 않지.

아들: 아~ 그래서 영어 전치사 외우는 게 그렇게 어려운 거구나!

아빠: 맞았어! 한국어엔 없는 개념이니까 처음엔 헷갈릴 수 있어. 근데 천천히 문장에서 자주 보다 보면 익숙해질 거야.

아들: 근데 아빠, 어떤 단어는 명사로도 쓰이고 동사로도 쓰이던데? 예를 들면 love!

아빠: 오, 정말 잘 봤다! 예를 들어 볼게. 'I love you', 여기서 love는 동사야. '사랑한다'라는 행동이지. "First love is hard to forget." 이 문장에선 love가 명사야. '첫사랑'이라는 이름이니까.

아들: 와~ 같은 단어인데 품사가 달라질 수 있네?

아빠: 맞아. 영어에선 그런 단어가 꽤 많아. 그래서 문장에서 어떻게 쓰였는지를 봐야 품사를 알 수 있어. 예를 들면 fast도 그래.
"She is a fast runner." → 여기선 형용사야. '빠른'.
"He runs fast." → 여기선 부사야. '빨리'.

아들: 우와… 진짜 헷갈리겠는데?

아빠: 처음엔 그렇지만, 너처럼 품사에 관심을 가지면 훨씬 쉬워져. 그냥 단어만 외우지 말고, 그 단어가 문장에서 어떤 역할을 하는지도 같이 봐야 해! 그러면 영어 실력이 쑥쑥! 자란단다.

아들: 오~ 알겠어! 앞으로 문장에서 품사도 같이 생각하면서 영어 공부 할게!

아빠: 그래, 우리 아들 최고! 궁금한 거 생기면 언제든지 물어봐~

머비지마 주새유 넵!

*

　지구는 태양 둘레를 항상 빙빙 돈다. 이것을 지구의 공전이라고 한다. 한 바퀴 돌아 제자리로 오는 데까지 1년이 걸린다. 이것을 공전 주기라고 하며, 공전 주기는 365일이다. 지구는 공전하면서 자기 스스로 한 바퀴 돈다. 이것을 자전이라고 하며, 한 바퀴 도는 데 24시간이 걸린다. 이 24시간을 지구의 자전 주기라고 한다. 그래서 하루는 24시간인 것이다.

　그런데 태양의 주위를 도는 것은 지구뿐만이 아니다. 태양계 행성들을 순서대로 배열하면 '태 수금지화 목토천 해'다. 즉, 태양의 주위를 도는 행성은 수성, 금성, 지구, 화성, 목성, 토성, 천왕성, 해왕성이다. 이 가운데 태양을 기준으로 지구보다 안쪽에 있는 수성과 금성을 내행성, 지구보다 바깥쪽에 있는 화성부터 해왕성까지를 외행성이라 한다.

　이왕 행성이 언급되었으니, 각 행성의 특징을 간단히 소개하자.

- **수성**: 대기가 거의 없어 온도 차가 매우 심하다.
- **금성**: 표면 온도는 약 470℃로, 태양에 더 가까운 수성보다도 더 뜨겁다. 지구와 가장 가까운 이웃 행성으로 '샛별'이라고도 불린다.
- **지구**: 생명이 존재하는 유일한 행성이다.
- **화성**: 표면이 붉은색을 띠어 '붉은 행성'이라는 별명이 있다.
- **목성**: 태양계에서 가장 큰 행성이다.
- **토성**: 아름다운 고리 구조로 유명하다.
- **천왕성**: 측면으로 회전하는 독특한 자전축을 가지고 있다.
- **해왕성**: 태양계에서 가장 강력한 바람을 가진 행성이다.

이 글의 제목 '머비지마 주새유 넵'은 위 행성 이름의 영어 표기에서 첫 글자를 따온 것이다.

- 머는 Mercury, '머큐리', 수성이다. '수은'이라는 뜻도 있다.
- 비는 Venus, '비너스', 금성이다. 로마 신화, 사랑과 미의 여신이다.
- 지는 Earth, '어스', 지구다. 기준점으로 쉽게 기억하도록 한글 '지'를 사용했다.
- 마는 Mars, '마스', 화성이다.
- 주는 Jupiter, '주피터', 목성이다. 로마 신화, 최고의 신을 나타낸다.

두꺼비 선생님

- 새는 Saturn, '새턴', 토성이다. 'Saturday(토요일)'는 Saturn's Day에서 유래되었다.
- 유는 Uranus, '유러너스', 천왕성이다. '천'을 하늘 '천(天)'으로 생각하면 외우기 쉽다. 고대 하늘의 신 '우라노스'에서 유래된 이름이다.
- 넵은 Neptune, '넵튠', 해왕성이다. 고대 로마의 바다의 신에서 이름을 땄으며, 'a son of Neptune'은 뱃사람을 뜻하기도 한다.

위와 같이 행성 이름은 고유 명사이므로 영어 표기 시 첫 글자를 반드시 대문자로 써야 한다.

사과를 왜 심심하게 해요?

✱

지연: 아빠, 방금 TV에서 "심심한 사과의 말씀을 드립니다."라고 하는데, 왜 사과를 심심하게 해요?

아빠: 아, 우리 지연이가 문해력의 함정에 빠졌구나!

지연: 문해력은 또 뭐예요?

아빠: 문해력이란, 글을 읽고 제대로 의미를 이해하는 능력을 말해. 문해력, 글자 그대로, '문'은 문장, '해'는 해석, '력'은 능력이야. 문장을 읽고 제대로 해석하는 능력을 말하지.

지연: 그럼, '심심한'은 '할 일이 없어서 심심하다' 그런 뜻이 아니네요?

아빠: 그렇지, 여기서 말하는 '심심한'은 쉽게 말하면, '진심으로 깊이 사과드린다'라는 뜻이야.

지연: 그렇다면 처음부터 "진심으로 사과드린다"라고 말했으면, 나도 쉽게 알아들었을 텐데, 왜 '심심한'이라는 표현을 쓰나요?

아빠: 그건 지연이 말이 옳다. 그런데 언어는 습관이라서, 사과할 때는 '심심한'이라는 표현이 더 어울린다고 생각하는 사람이 많거든.

지연: 아, 그렇군요. 우리도 더 자라면서 그런 말에 익숙해져야겠군요.

아빠: 맞아, 지연이는 '사흘'이 며칠인 줄은 알지?
지연: 그럼요. '하루, 이틀, 사흘, 나흘, 닷새, 엿새, 이레, 여드레, 아흐레, 열흘' 이렇게 세는 것이므로, '사흘'은 '3일'이잖아요.

아빠: 하하하! 우리 지연이도 많이 똑똑하네요.

엄마: 지연아, 이번에는 엄마가 더 어려운 문제를 내 볼게. 금일은 무슨 뜻인지 알아?

지연: 금일, 금요일 아닌가요?

엄마: 지연이도 또 함정에 빠졌네. 금일(今日)의 '금'은 '이제 금(今)', 곧 오늘을 뜻하거든. 그러니 금일은 오늘을 말하는 거야.

지연: 그럼 처음부터 오늘이라고 하면 알아들었을 텐데.

엄마: 지연이 말도 일리는 있는데, 말하는 사람의 습관을 쉽게 고치기 어려운 것이므로 우리가 그런 말들을 빨리 공부해서 알아듣는 편이 좋아요.

아빠: 그럼, 더 어려운 문제로 갑니다. '족보'는 무슨 뜻일까요?

엄마: 그건 내가 잘 알아요. '족보'는 한 가문의 계통과 혈통 관계를 기록해 놓은 책을 말해요. 집안에서는 '우리

족보가 어떻다더라' 하거나, 족보를 펼쳐 조상들의 이야기를 들려주기도 하는데, 요즘은 그런 족보에 관심이 없는 사람이 더 많아요.

지연: 저는 '족보'가 '족발과 보쌈'을 줄여서 말하는 걸로 알았거든요.

엄마: 하하하하, 그런 말은 처음 들어 보는구나.

아빠: 지연아, 앞에서 언급한 예들 외에도 크고 작은 문해력의 위기는 날이 갈수록 더 심각해지고 있다고 해요. 위와 같은 어휘 사용의 문제는 문맥을 통해 충분히 그 의미를 유추할 수 있음에도 불구하고, 그렇지 못한 것은 절대적으로 부족한 독서량과 무관하지 않다고 해요. 또한 실생활에서 듣기만 하고, 정확히 써 보지 않아서 생기는 문제이기도 하고.

지연: 그럼 저도 책을 많이 읽어 보고, 글도 많이 써 볼게요.

엄마: 들던 중 반가운 소리다. 학교나 가정에서도 독서하는 분위기를 조성하고, 글을 쓰는 기회와 시간을 늘리는 데 모두가 힘을 모아야 할 때라고 생각해요.

자축인묘 진사오미 신유술해

10간, 12지, 60갑자, 환갑. 이런 말들을 들어 보았나? 들어 본 것 같기도 하고, 아닌 것 같기도 할 것이다. 그런데 우리는 가끔 무슨 띠냐고 물어보는 경우가 있고, 나는 "무슨 띠다"라고 말할 때도 있다. 58년 개띠가 제일 유명하다. 쥐띠도 있고, 호랑이띠도 있다. 이와 같은 띠는 12개가 있는데 이것을 '12지'라고 한다. 12지를 순서대로 늘어놓으면, '자축인묘 진사오미 신유술해'이다. 이것을 한자로 표시하면 '子丑寅卯 辰巳午未 申酉戌亥'이다. 또 이것을 동물로 띠를 말하면, 쥐, 소, 호랑이, 토끼, 용, 뱀, 말, 양, 원숭이, 닭, 개, 돼지며, 이 열두 가지 동물이 각각의 띠를 말한다.

10간은 '갑, 을, 병, 정, 무, 기, 경, 신, 임, 계'를 말한다. 10개다. 그래서 10간이다. 10간을 앞 글자에 두고, 12지를 뒤에 오게 짝을 하면 60개의 갑자가 된다. 60개의 갑자가 한 바퀴 돌아오면 환갑이 된다. 그래서 사람이 나이가 61세가 되면 환갑이고, 옛날에는 61세까지 살면 오래 살았다고 하여 환갑잔치를 하기도 하였다. '갑자, 을축, 병인, 정묘, 무진, 기사, 경오, 신미, 임신, 계유'라고 하는 것이 60갑자의 처음 10개를 순서대로 늘어놓은 것이다. 60갑자를 모두 암기하면 우리나라 역사를 공부할 때 좋은 점이 많다. 예를 들어 무오사화, 임진왜란, 을사조약, 을미사변, 병자호란 등을 말할 때 앞에 있는 두 글자가 60갑자의 일부인 것이다.

나도 60갑자에 관심이 많아서 '갑자, 을축, 병인, 정묘, ~' 하면서 암기해 보기도 했는데, 겨우 60개밖에 되지 않는 단어인데도 암기하기도 쉽지 않을 뿐더러 실생활에 사용하지 않아서 그런지 암기해도 금방 까먹기 일쑤다. 60갑자를 암기하는 것은 사주팔자를 따진다든지, 명리학을 하는 학자들에게는 중요한 과정이라고 한다. 사주팔자든 명리학이든 재미로 보거나 학문적 연구를 위한 활용은 바람직하지만, 실생활에 너무 적용하려 든다든지, 합리적이고 이성적인 판단을 넘어서 맹신하게 되면 주술에 빠졌다고 비웃음을 살 수 있다.

아무리 초등학생이라도 '갑, 을, 병, 정, ~'의 천간 10개와 '자, 축, 인, 묘, ~'의 지지 12개는 암기하면 좋다. 그리고 암기하는 데 어렵지도 않다. 10간과 12지를 암기하여 알고

있으면 60갑자를 이해할 수 있고, 이를 활용하면 공부에
도움을 얻을 수 있다. 예를 들어, 60갑자는 60년을 주기로
똑같이 반복되므로, 서기 4년이 갑자년이면 60년 후인 64
년도 갑자년이고, 600년 후인 664년도 갑자년이 된다. 또
2020년이 경자년이면 5년 후인 2025년은 을사년이 된다.
쉽지는 않지만 관심 갖고 노력하면 이해할 수 있게 된다.
상식도 쌓이고, 지식도 넓어진다.

book은 '책'인데,
book이 '예약하다'라고?

*

영어 단어를 공부하다 보면, 우리가 원래 알고 있는 뜻 외에 또 다른 뜻을 가진 단어를 가끔 볼 수 있다. 그 중 대표적인 단어가 바로 book이다. book은 책이다. 이걸 모르는 사람은 한 명도 없을 것이다. 그런데 book에는 '예약하다'라는 뜻도 있다. booking은 '예약'의 뜻을 가진 명사다. 물론 예약의 뜻을 가진 더 흔한 단어는 reservation이고, 동사 reserve는 '예약하다'이다.

마찬가지로 bank는 은행으로 알고 있는데, '강둑'으로도 쓰인다. match는 '성냥'과 '경기'라는 뜻으로, watch는 '시계'와 '지켜보다', bear는 '곰'과 '참다'이다. 이상과 같이 한 단어가 전혀 다른 뜻으로 쓰이는 경우의 단어가 영어에서는 아주 많다. 물론, 우리 말도 마찬가지로 그런 예가 많기는 하지만 말이다.

그런데 여기서 학문적으로 조금만 깊이 들어가면 두 가지 이상의 전혀 다른 뜻을 가진 단어도 그 생성 원리가 다

두꺼비 선생님

름을 알 수 있다. book의 예처럼 원래의 뜻 '책'이 옛날에는 예약이나 약속을 책에 적어 두었기 때문에 그 뜻이 확장되어 '예약하다'라는 새로운 의미를 갖게 된 단어가 있는가 하면, bank의 경우는 같은 철자를 쓰기는 하지만 '은행'의 뜻으로 쓰이게 된 유래와 '강둑'의 뜻으로 쓰이게 된 어원은 완전히 다르다고 한다. 이처럼 단어의 생성 원리를 이해하면 단어 암기에 도움이 되기는 하지만, 그렇다고 모든 단어를 이같이 암기하는 것은 불가능하다.

이왕 영어 단어 암기 얘기가 나왔으니 말인데, 영어 입문 단계에서는 단어를 얼마나 많이 암기하고 있느냐가 영어 공부의 90% 이상을 차지한다고 본다.

요즘은 초등학생 때부터 영어 공부를 하고 있지만, 옛날에 중학생이 되어서 영어를 처음 공부할 때는 영어 선생님으로부터 받은 단어 암기 숙제가 제일 중요한 숙제였고, 단어 암기를 제대로 완수하지 못하고 학교에 가는 날은 늘 가시방석이었다.

아무튼, 예전이나 AI가 기승을 부리고 있는 오늘날이나 단어 암기는 영어 학습자에게 늘 스트레스가 아닐 수 없다. 영어 점수가 학교 시험과 대학 입학은 물론 취업에까지 중요한 위치를 차지하고 있는 한 영어 공부를 포기할 수 없으며, 영어를 포기할 수 없는 한, 오늘도 열심히 영어 단어를 암기해야만 한다.

태정태세 문단세 예성연중 인명선

*

● 사회 시간- 우리나라 역사, 조선 왕 계보 배우기

"애들아~ 오늘은 우리나라 역사에서 아주 중요한 시대, 바로 조선 시대에 대해 배워 볼 거예요! 그런데 조선 시대에 왕이 몇 명 있었는지 아는 친구 있나요?"

"음… 세종대왕은 알아요!"

"저는 태조 이성계요!"

"맞아요~ 둘 다 정답이에요! 조선은 '태조 이성계'가 세운 나라예요. 그리고 조선에는 모두 27명의 왕이 있었답니다. 이 왕들을 순서대로 외우면 역사 공부가 훨씬 쉬워져요!"

● 조선 왕 외우기 노래처럼 외우기

"자, 선생님이 알려 주는 왕 이름 암기법 들어 볼까요?"

"태정태세 문단세 / 예성연중 인명선 / 광인효현 숙경영 /

정순헌철 고순"

"처음 들으면 어렵지만, 입에 익으면 노래처럼 술술 나와요. 선생님이랑 같이 한번 따라 해 볼까요?"

"태정태세~ 문단세~!"

"잘했어요! 이건 바로 조선 왕들의 이름을 순서대로 외우는 방법이에요. 요즘은 유튜브에서 노래로도 나와서 재미있게 외울 수 있답니다!"

● 왕 이름에 숨겨진 뜻도 알아보자!

"그런데, 왕 이름에는 왜 어떤 왕은 '조', 어떤 왕은 '종', 어떤 왕은 '군'이 붙을까요? 예를 들어 볼게요. '태조', '세종', '연산군'처럼요.

'조'는 나라를 세운 왕이나 아주 큰 업적을 남긴 왕에게 붙여요.
→ 예: 태조
'종'은 일반적인 왕에게 붙이는 이름이에요. → 예: 세종
'군'은 왕이었지만, 정식 왕으로 인정받지 못했거나
폐위된 왕이에요. → 예: 연산군

그래서 세종대왕은 훌륭해서 '세종'이고, 연산군은 폭정을 해서 '군'이라는 이름이 붙은 거예요."

● 조선의 유명한 왕들, 누가 있을까?

"그럼 조선 왕 중에서 특별히 유명한 분들을 몇 명만 뽑아서 이야기해 볼게요!

태조- 조선을 세운 사람! 고려를 무너뜨리고 새 나라를 만들었어요.

태종- 왕권을 강화하고 나라의 질서를 세웠어요.

세종- 우리 모두 아는 훈민정음을 만든 세종대왕!

단종- 어린 나이에 왕이 됐지만, 작은아버지 세조에게 자리를 뺏겼어요.

세조- 조카 단종을 내쫓고 왕이 되었어요.

성종- 나라의 법을 정리하고, 문화가 아주 발전했어요.

연산군- 나쁜 신하들을 없앤다고 했지만, 무서운 정치로 결국 왕에서 쫓겨났어요.

중종- 조광조라는 훌륭한 신하를 등용했어요.

선조- 임진왜란이 일어났던 시기의 왕이에요.

광해군- 임진왜란 때 싸웠고, 외교도 잘했지만, 결국 쫓겨났어요.

정조- 정조는 뒤주 속에서 돌아가신 사도세자의 아들인데, '수원화성'을 만들었고, 백성의 말을 잘 들었던 멋진 왕이에요!"

● 왜 왕의 이름을 외워야 할까요?

"애들아, 역사에는 이런 말이 있어요.

'역사를 잊은 민족에게 미래는 없다.'

우리나라가 어떻게 생겼는지, 어떤 일이 있었는지 잘 알아야 앞으로 어떻게 살아야 할지도 알 수 있어요. 또 독도를 지키는 일이나 남북 통일, 무역 같은 것도 역사에서 배운 걸 토대로 잘 준비할 수 있겠죠?"

● 마무리 활동

"오늘 배운 조선 왕 이름 노래로 외워 보기! 그리고 궁금한 왕이나 시대가 있다면 부모님과 이야기해 보는 것도 정말 좋은 공부가 될 거예요!"

두꺼비 선생님

태-혜-정-광, 경-성-목

✱

학생 1: 선생님, 조선 왕은 "태정태세 문단세~" 하면서 외우기가 쉬운데, 고려 왕은 왜 이렇게 외우기 어려운가요?

선생님: 좋은 질문이에요! 고려 왕들의 이름은 조선보다 우리에게 덜 익숙해서 그래요. 하지만 걱정 마세요. 외우는 데는 요령이 있답니다. 예를 들어, 고려 왕의 순서를 이렇게 외워 보세요. 총 34명의 왕이에요. 이걸 50번쯤 중얼거리면 입에 붙을 거예요!

'태-혜-정-광, 경-성-목 / 현-덕-정-문, 순-선-헌 / 숙-예-인-의, 명-신-희 / 강-고-원, 렬-선-숙 / 혜-목-정, 공-우-창-공양'

학생 2: 선생님, 고려 왕 이름 중에 어떤 건 '왕'으로 끝나고, 어떤 건 '종'으로 끝나요. 그건 왜 그래요?

선생님: 아주 날카로운 질문이네요! 고려의 첫 번째 왕인

태조 왕건만 '조'를 붙이고요, 2대 혜종부터 24대 원종까지는 '종'을 붙여요. 25대부터는 원나라의 간섭을 받아서 충렬왕, 충선왕처럼 '충' 자를 이름 앞에 붙였고요, 31대 공민왕부터 다시 '충' 자를 떼고, 그냥 '왕'으로 끝나요. 이건 고려가 원나라의 간섭에서 벗어났다는 걸 보여 주는 거예요.

학생 3: 그럼 고려는 몇 년 동안 나라를 유지하였어요?

선생님: 고려는 918년에 태조 왕건이 세웠고, 1392년에 이성계가 조선을 세우면서 끝났어요. 총 474년간 이어졌었죠.

학생 4: 그중에서 중요한 왕들만 알려 주세요!

선생님: 좋아요! 꼭 알아 두면 좋은 왕 몇 명을 소개할게요.

태조 왕건- 고려를 세운 왕이에요. 전국의 호족들과 결혼 동맹을 맺었고, 훈요 10조를 남겼어요. 부인이 29명이나 되었어요!
광종- 아주 중요한 왕이에요! 왕권을 강화하고, 과거제를 만들고, 노비안검법도 시행했어요.

성종- 나라의 틀을 잡은 왕이에요. 2성 6부 제도와 12목 설치 등 중앙 집권을 강화했어요.

의종- 이 왕 때, 1170년에 무신정변이 일어나요. 이후 약 100년 동안 무신들이 권력을 잡게 되었죠.

충렬왕- 충렬왕부터는 원나라 간섭기예요. 왕 이름 앞에 원나라에 충성한다는 '충' 자가 붙은 걸 보면 알 수 있어요. 원나라 간섭 기간은 1274년 충렬왕부터 1351년 충정왕까지, 6대 왕에 걸쳐 약 77년간 이어졌어요.

공민왕- 다시 고려의 독립을 되찾으려고 노력한 왕이에요. 신진 사대부를 키우고 개혁도 했지만, 결국 성공하지는 못했어요.

우왕, 창왕, 공양왕- 이성계가 점점 힘을 가지면서 고려 왕권이 약해졌어요. 결국 1392년, 공양왕 때 고려는 끝나고 조선이 시작돼요.

학생 5: 선생님, 아까 말한 노비안검법은 무슨 뜻이에요?

선생님: 좋은 질문이에요! '노비'는 알겠죠? 종을 뜻해요. '안'은 조사한다, '검'은 검사한다는 뜻이에요. 그러니까 노비안검법은, '이 사람이 정말 노비가 맞는지, 억울하게 노비가 된 건 아닌지' 조사하고 검사해서, 억울하게 노비가 된

사람은 풀어 주는 법이에요. 이 법 때문에 노비가 줄어들면서, 호족들의 힘도 약해졌고, 왕권은 더 강해졌죠!

학생들: 와~ 선생님, 이제 고려 왕들이랑 그 업적이 훨씬 잘 이해돼요!

선생님: 그렇죠! 역사는 왕 이름만 외우는 게 아니라 왜 그런 일이 있었는지, 누가 어떤 업적을 이루었는지를 같이 이해하면 훨씬 재미있고 쉬워져요. 다음 시간엔 신라시대 왕들의 이야기를 같이 해 보도록 해요.

바오밥나무의 마다가스카르

　요즘 TV에 마다가스카르가 자주 나와요. 가장 쉽게 말하자면, 바오밥나무가 많은 섬나라에요. 책『어린 왕자』를 읽어 본 친구라면 바오밥나무를 기억할 거예요. 그림 속에서 바오밥나무를 처음 본 적은 있지만, 그 나무가 마다가스카르에 있는지는 몰랐을 거예요. 바오밥나무만큼 유명한 것이 하나 더 있어요. 그건 바로 여우원숭이에요!

　마다가스카르에 대해 조금 더 알아보면, 다음과 같은 특징도 있어요. 세계에서 네 번째로 큰 섬이에요. 바닐라를 가장 많이 만드는 나라에요. 예전에 프랑스의 식민지였어요. 이렇게 적고 나면 좀 어려워 보일 수도 있지만, 하나씩 재미있게 알아보면 충분히 알 수 있어요.

　마다가스카르는 어디 있을까요? 마다가스카르는 아프리카 대륙에서 동쪽으로 약 400km 떨어진 인도양 바다 위에 있는 섬나라에요.

　바오밥나무는 마다가스카르뿐 아니라 아프리카, 오스트

레일리아 같은 건조하고 더운 지역에서 자라요. 바오밥나무는 줄기가 아주 굵고 키가 커요. 줄기 끝에는 가지가 가늘게 퍼져 있어서 잎이 없을 때는 뿌리처럼 보여요. 그래서 '거꾸로 자란 나무'라는 별명도 있어요.

여우원숭이는 눈이 크고 몸이 날씬한 동물이에요. 마다가스카르와 근처 코모로 제도의 숲에서 살고 있어요. 여우원숭이는 무리를 지어 다니며, 성격도 온순하고 조용해요. 놀라운 점은 마다가스카르에는 100가지가 넘는 여우원숭이 종류가 있다는 거예요! 그리고 종류에 따라 낮에 활동하는 여우원숭이도 있고, 밤에 활동하는 여우원숭이도 있대요.

바닐라 아이스크림은 다들 좋아하죠? 그런데 바닐라는 식물에서 자라는 열매예요. 난초과 식물에서 나오는 열매를 말려서 바닐라 향을 만들어요. 이 향이 바로 우리가 말하는 '바닐라 맛'의 비밀이에요. 마다가스카르는 세계에서 바닐라를 가장 많이 만드는 나라예요. 전 세계 바닐라의 70~80%가 이 나라에서 자라요. 그래서 '바닐라 왕국'이라고도 불려요.

이렇게 우리는 마다가스카르에 대해 배워 보았어요. TV에서 자주 보지만, 자세히는 몰랐던 나라였죠? 더 알고 싶다면 유튜브나 책, 인터넷을 찾아보세요! 세상에는 재미있는 것들이 정말 많답니다.

말은 바르게 쓰는 다람쥐 또또

숙속에 다람쥐 또또가 살고 있었어요. 또또는 책 읽기를 좋아하고, 말도 예쁘게 하려고 노력하는 다람쥐였어요. 어느 날, 친구 토끼 찌찌가 뛰어왔어요.

"또또야, 오늘 치치랑 모자 놀이 했는데, 치치 모자는 진짜 틀려!"

또또는 고개를 갸웃했어요.

"찌찌야, 모자가 틀린 건 아니고 다른 거야. '틀리다'는 시험 문제처럼 맞고 틀린 걸 말할 때 쓰는 거고, 모양이 다를 땐 '다르다'라고 해야 해."

찌찌는 눈을 동그랗게 뜨고 말했어요.

"아~! 그럼 치치 모자랑 내 모자는 다른 거구나!"

또또는 고개를 끄덕였어요.

며칠 뒤, 찌찌가 모기에게 물려 다리를 긁으며 또또를 찾았어요.

"아, 진짜 간지러워서 미치겠어!"

또또가 다가와 말했어요.

"찌찌야, 그건 가려운 거야. 모기 물린 데는 간지러운 게 아니라 가려운 거야."

"그럼 간지러운 건 뭐야?"

"간지러운 건… 이렇게!"

또또는 찌찌의 배를 살짝 간질였어요.

찌찌는 깔깔 웃으며 말했어요.

"아하! 이게 간지러운 거구나! 모기 물린 건 가려운 거고!"

그날 오후, 찌찌는 엄마에게 말했어요.

"엄마! 선생님이 우리한테 좋은 걸 가르켜 줬어!"

또또는 놀라며 말했어요.

"찌찌야, '가르켜 줬어'가 아니라 '가르쳐 줬어'야! '가르키다'는 틀린 말이야. 사전에도 없어!"

찌찌는 깜짝 놀라서 다시 물었어요.

"그럼 '가르치다'는 뭐고, '가리키다'는 뭐야?"

"좋은 질문이야! '가르치다'는 영어로 'teach', '가리키다'는 'point'야! 선생님이 우리에게 지식이나 방법을 알려 주는 건 '가르치다', 손가락으로 어떤 대상을 짚어 보이는 건 '가리키다'야."

찌찌는 고개를 끄덕였어요.

그날 밤, 찌찌는 가족들에게 말했어요.

"우리 모두 말은 바르게 써야 해요. 그래야 듣는 사람도 기분이 좋아져요!"

다람쥐 또또는 조용히 웃으며 생각했어요.

"말을 바르게 쓰는 일이 쉬운 건 아니지만, 다 같이 연습하면 분명 더 좋아질 거야."

그리고 숲속 친구들은 매일 조금씩 더 예쁘고 정확한 말을 쓰려고 노력했답니다.

* 2007년 국립국어원이 표준어 규정을 개정하면서 '간지럽다'를 '가렵다'의 동의어로 공식 인정함. 그 전까지는 '모기 물린 데가 간지럽다'가 틀린 표현이었지만, 지금은 표준어로 둘 다 맞다고 보면 됨.

말은 바로 합시다

*

사실 말이라는 것도 습관이기 때문에, 한번 굳어진 말버릇은 좀처럼 고치기 어렵다. 또 지금까지 아무 문제 없이 써 왔는데, 새로운 규정이 생겼다고 해서 갑자기 바꾸라고 하면 쉽게 받아들이기 힘들다. 나 역시 몇 년 전 사이시옷 사용법이 바뀌었을 때 기분이 썩 좋지 않았다. 오랫동안 '등교길'이라고 써 왔는데, '등굣길'로 바꿔야 한다고 하니 '등굣길'이라는 표현이 낯설고 어색하게 느껴져 '등교하는 길'이라고 돌려 쓰기도 했다.

겸손이 지나친 표현도 문제다. 물건을 사고 값을 치를 때는 "얼마입니다."라고 말하면 되는데, "얼마 나오셨습니다." 라고 말하는 경우가 많다. "주문한 빵이 나왔습니다."라고 하면 될 일을 "주문한 빵이 나오셨습니다."라고 표현하면, 듣는 사람 입장에서는 부담스럽게 느껴질 수 있다. 마찬가지로, '우리'라고 해야 자연스러운 상황에서 '저희'라고 말하는 경우도 종종 있다. 예를 들어 '우리나라'라고 해야 맞는데, '저희 나라'라고 하면 매우 어색하다. '우리 학교'라고 해야 할 자리에서 '저희 학교'라고 말하는 경우도 많은데, 듣는 사람이 그 학교의 교직원도, 학생도, 학부모도 아닌 경우가 아니라면 '우리 학교'라고 하는 것이 맞다.

이외에도 "진짜요?", "정말로요?" 같은 표현은 듣는 사람에게 불쾌감을 줄 수 있다. 아마 영어의 "Really?"에서 비롯된 언어 습관인 듯한데, 누군가가 열심히 사실을 이야기하고 있는데 그런 반응을 보이면 '내 말을 의심하나?'라는 오해를 살 수 있으니 주의해야 한다. "개인적인 생각인데요."라는 말도 자칫 어색하게 들릴 수 있다. 어차피 자신의 의견을 말하는 자리라면 군이 이렇게 시작할 필요는 없다. 군더더기 표현일 뿐이다.

나는 '지양하다'와 '지향하다'라는 단어도 잘 사용하지 않는다. 문맥상 의미는 분명히 차이가 구별되지만, 발음이 비슷해 듣는 사람이 헷갈릴 수 있기 때문이다. '낫다'라는 표현도 마찬가지다. '낮다'와 발음이 같아서 혼동할 여지가 있어 가급적 사용하지 않는다.

이 글을 쓰면서도 걱정이 된다. 분명 반론을 제기하는 사람이 있을 것이다. "너무 따지지 맙시다."라고 하거나, "당신은 얼마나 바른말을 쓰나 보자."라는 식의 반응이 나올 수도 있다. 결국 말의 사용은 일종의 세력 싸움이다. 설령 틀린 표현이라 하더라도 많은 사람이 쓰면 어느 순간 바른말로 인정받게 된다. 그래서 더욱 바른말을 쓰려는 노력이 중요하다. '너무'라는 말이 대표적인 예다. 원래는 부정적인 문장에서 써야 하는 부사였지만, "너무 예쁘다"나 "너무 잘한다"처럼 긍정적인 문장에 쓰는 사람이 많아지면서 이제는 바른 표현으로 인정받고 있다.

데저트에 가서 디저트를 먹는다면

오래전에 있었던 일입니다. 운전하고 가는 길에 어느 한 카페를 지나치고 있었는데, 간판에 'DESERT'라고 큰 글씨를 써 놓은 것을 발견하였습니다. 카페에서 판매하는 디저트는 's'가 두 개인 'dessert'가 맞는데, 어쩌다 s를 한 개 빼먹었을까? 주인이 영어 검토도 하지 않고 간판을 달았나 보다라고 생각했는데, 나중에 알고 보니 카페 이름이 사막이라는 뜻의 'DESERT'였던 것이었습니다.

디저트는 우리가 너무나 잘 아는 후식입니다. 그런데 이와 거의 비슷하지만 s가 하나 빠진 데저트는 사막을 의미합니다. 데저트의 최고는 사하라 데저트죠. 고비 사막도 유명하고 모하비 사막도 유명하네요. 사막과 함께 떠오르는 것들은 오아시스, 낙타, 선인장, 아라비아 상인입니다. 요즈음은 사막을 여행하는 일반 여행객도 많다고 합니다. 사막을 여행하면서 데저트(desert)에 가서 디저트(dessert)를 먹는다면 뜻깊은 여행이 되겠네요.

s 하나 차이로 뜻도 다르고, 발음도 다릅니다. 후식은 식사 후에 먹는 과일이나 음료수를 말합니다. 그러므로 두 명이 후식을 먹는 모습을 떠올린다면 s가 두 개 있어야 후식답겠죠. 데저트는 사막이라는 뜻 외에도 '버리다', '탈영하다'라는 뜻도 있습니다. '버리다'. 뭘 버렸을까요? s를 한 개 버렸다고 생각하세요. 그럼 s가 한 개 있는 desert는 버리다, '탈영하다', '사막', 이렇게 쉽게 암기되겠죠.

이왕 디저트가 나왔으니, 디저트 얘기 좀 더 할까요? 요즘은 디저트를 먹을 수 있는 장소가 정말 많습니다. 디저트 장소의 최고는 커피숍이고, 유명한 커피숍은 〈스타벅스〉, 〈투썸플레이스〉, 〈메가커피〉, 〈이디야커피〉, 〈빽다방〉 등이 있습니다. 이러한 커피숍에서 사람들은 주로 커피를 마십니다. 커피 말고도 다양한 음료수도 있습니다. 생과일주스도 팔고, 약간의 케이크나 빵도 판매합니다. 사람들은 처음부터 커피를 마시러 가는 경우도 있지만, 또 다른 사람들은 식당에서 식사를 마치고 커피나 음료를 디저트 삼아 마시려고, 또는 편안하게 이야기를 더 하려고 커피숍을 방문하기도 합니다. 사람들은 이러한 커피숍에서 둘 또는 여럿이 만나서 대화를 하면서 시간을 보내기도 합니다. 물론 혼자 와서 시간을 보내거나 인터넷 검색을 하기도 하고, 어떤 사람들은 공부를 하기도 합니다. 이렇게 카페에서 공부하는 사람을 '카공족'이라고 합니다.

이러한 커피숍 말고, 본격적인 후식 전문 카페도 있습니다. 이런 곳을 보통 브런치 카페라고 하는데, 커피나 음료, 빵이나 파스타는 물론 다양한 식사도 준비하여 판매하고 있습니다. 이러한 카페는 주로 젊은 사람들이 자주 이용하기는 하지만 요즘은 나이를 가리지 않는 것 같습니다. 아마 초등학생들도 부모님 따라서 유명한 브런치 카페에서 파스타나 케이크, 피자 등의 식사를 한 경우도 있을 것입니다.

초복, 중복, 말복 날짜 계산법

✳

이왕 '삼복'이라는 말이 나왔으니, 어렵기는 하지만 삼복 날짜 계산법을 알아보자. 삼복 날짜는 대략 7월 중순에서 8월 중순 사이에 있으며 해마다 날짜가 변하는데, 그 이유는 삼복 날짜는 절기를 기준으로 정하기 때문이다. 즉, 초복과 중복은 하지를 기준으로 정하고, 말복은 입추를 기준으로 정한다.

그다음부터의 설명이 어렵다. 그래서 사람들이 삼복 날짜 계산법 공부를 포기한다. 왜냐하면, '10간 12지'를 알아야 하기 때문이다. 정확히 말하면 10간만 알아도 된다. 10간이라 함은 '갑을병정 무기 경신임계'의 열 개를 말한다. 여기서 7번째에 있는 '경(庚)'이 중요하다. 이 경(庚)이 들어간 날을 경일(庚日)이라고 한다. 이 '경일'이라는 말을 이해하지 못해서 삼복 날짜 계산법 공부를 포기하는 것이다. 내가 그랬었다.

달력을 보면 간지가 표시된 달력이 있다. '갑자, 을축, 병인, 정묘, 무진, 기사, 경오, 신미, 임신, 계유'처럼 말이다. 이때, '경오'처럼, '경' 자가 들어간 날을 경일(庚日)이라고 말한다. 12지에 있는 '자축인묘 진사오미 신유술해' 중에서, '자, 인, 진, 오, 신, 술'의 6개만 경과 짝을 지을 수 있다. '경자, 경인, 경진, 경오, 경신, 경술'과 같이 60갑자를 만든다. 즉, 60갑자 중 '경(庚)' 자가 들어간 경일(庚日)은 6개뿐이다.

여기서 잠깐, 앞에서 말한 '초복과 중복은 하지를 기준으로 정하고, 말복은 입추를 기준으로 정한다'는 말에 더 자세한 사항을 덧붙여야 한다. 초복은 하지로부터 세 번째 경일, 중복은 네 번째 경일이다. 그러니 초복과 중복은 항상 10일 차이가 난다. 말복은 입추로부터 첫 번째 경일이다. 그래서 중복과 말복의 사이는 어떤 해는 10일, 어떤 해는 20일의 차이가 난다. 해마다 다르다.

이제 알 것은 다 알았으니, 달력으로 가 보자. 올해 2025년 하지는 6월 21일이다. 여기서, 앞에서 말한 '경(庚)' 자가 들어간 경일(庚日)을 살펴보자. 21일은 신유, 첫 번째 경은 6월 30일 경오, 두 번째 경은 7월 10일 경진, 세 번째 경은 7월 20일 경인, 바로 이 경인이 세 번째 경일이다. 그래서 초복은 7월 20일이다. 그런데 어차피 달력을 볼 거라면,

계산법을 공부할 필요가 없다. 달력에 초복이라고 크게 쓰여 있다. 그렇지만 알고 달력을 보는 것과 모르고 그냥 보는 것은 다르다. 그래서 공부를 하는 것이다.

올해 2025년은 7월 20일이 초복, 7월 30일이 중복, 8월 9일이 말복이다. 초복에서 중복, 말복까지가 10일 간격이다. 내년 2026년에는 초복이 7월 15일, 중복이 7월 25일, 말복이 8월 14일이다. 중복에서 말복 사이가 20일이 된다. 계산법이 어렵기는 하지만, 알아 두면 상식이 풍부해진다. 상식도 쌓이면 지식이 된다. 아는 것이 힘이다.

<라푼젤>로 영어 공부 해요

여러분, 애니메이션 영화 <라푼젤>을 본 적 있나요? 아직 안 봤다면 꼭 한 번 보기를 추천해요. 많은 사람이 이 영화를 한국어 더빙으로 봤을 거예요. 하지만 영어 공부를 하는 친구들은 영어 원어판으로 보기도 해요. 영어로 '라푼젤'은 'Rapunzel'이라고 쓰고, '라펀절'처럼 들려요. 라푼젤 이야기에서 가장 유명한 문장은 "Rapunzel, let down your hair(라푼젤, 너의 머리카락을 내려 줘)."예요.

공주로 태어난 라푼젤은 아기 때 마녀에게 납치되어, 깊은 산속 높은 탑에서 마녀의 감시 속에서 살아요. 마녀는 자주 밖에 나가는데, 나갔다가 돌아올 때마다 라푼젤에게 긴 머리카락을 아래로 내려 달라고 말해요. 그리고 그 머리카락을 잡고 탑으로 올라가요. 그때 하는 말이 바로 "Rapunzel, let down your hair."예요.

이 영화에는 멋진 노래(OST)도 많이 나와요. 그중에서도 가장 인기 있는 노래는 <I See the Light>예요. 라푼젤

목소리를 맡은 Mandy Moore (맨디 무어)와 플린 라이더 목소리를 맡은 Zachary Levi(재커리 리바이)가 함께 불렀어요. 이 노래는 사랑에 빠지는 두 사람의 마음을 정말 아름답게 표현한 노래예요. 한 번 들으면 누구나 좋아하게 될 거예요. 유튜브에 '라푼젤'이나 'I See the Light'를 검색하면 쉽게 찾을 수 있어요.

라푼젤로 영어 공부를 해 보고 싶다면, 아래와 같은 방법을 추천해요.

유튜브에서 'Rapunzel'을 검색해서 짧은 영어 영상을 찾아보세요. 처음엔 그냥 들어 보고, 그다음에는 자막 없이 다시 들어 보세요. 그다음에는 영어 자막 그리고 한글 자막도 보면서 들어 보세요. 마지막으로는 영상 속 영어 문장을 따라 말해 보세요.

또 인터넷에서 영화 대본을 찾아보거나, 도서관에서 관련 책을 빌려 보는 것도 좋은 방법이에요. 무엇보다 중요한 건, 영어를 배우고 싶다는 마음과 꾸준한 노력이에요! 여러분도 즐겁게 영어 공부 해 보세요.

<겨울왕국>으로 영어 공부 해요

　애니메이션 영화 <겨울왕국>! 애니메이션 영화는 초등 수준의 아이들이 무척 좋아한다. 우선 그림이 화려하다. 스토리(story)도 알차다. 그리고 영화 중간중간에 흘러나오는 OST도 듣기 참 좋다. 노래 가사가 입에서 맴돈다. OST 노래 전체 가사를 모두 알아듣거나 따라 부르기는 쉬운 일이 아니지만, 일부 특정 가사는 귀에 쏙쏙 들어온다. <겨울왕국>의 영어 제목은 <Frozen>이다. '얼어붙은'이라는 뜻이다. 엘사가 아렌델 왕국을 얼어붙게 하였다. 태어나면서부터 얼어붙게 하는 마법이 생겼는데, 부모인 왕과 왕비는 엘사의 마법을 치료하는 데 결국 실패하고 말았다. 그 마법을 풀게 만드는 방법은 사랑뿐이라는 것이 영화 <겨울왕국>의 주제다. 결국 안나와 엘사의 사랑과 화해가 겨울왕국을 녹여서 다시 아렌델 왕국을 여름으로 만들었다.

　<겨울왕국> 애니메이션은 영화는 그 당시 한국에 있는

유치원 아이나 초등학교 아이들은 누구나 시청했을 것이다. 그리고 엘사의 드레스를 유치원 여자 어린이들이 무척 좋아했다. 실제로 드레스를 사서 입은 아이도 많고, 미니어처를 사서 집에 장식하고 구경하는 아이들도 많았다.

〈겨울왕국〉의 OST 베스트는 뭐니 뭐니 해도 〈Let it go〉일 것이다. "레릿고, 레릿고" 하며, 얼마나 많이 중얼거리고 소리 내어 불렀던 노래인가! 그 중간중간의 가사는 잘 모르더라도 말이다. 〈Do you wanna build a snowman〉 노래도 참 좋다. 안나가 엘사에게 놀아 달라고 졸라 대면서 하는 말이고, 부르는 노래다. 한국에서의 이름은 '안나'라고 해석하지만, 영어식 발음은 '아나(Anna)'다. 이 외에도 명장면과 명대사가 많다.

혹시 시간이 된다면 〈겨울왕국〉을 한 번 보길 바란다. 아직도 유튜브를 찾아보면 어느 정도는 찾아볼 수 있다. 여러 번 반복하여 보면 스토리에 따른 줄거리도 알 수 있고, 노력 정도에 따라서는 영어도 꽤 익힐 수 있다. 아니면, 영어 원문 책을 구해서 차근차근 읽어 보는 방법도 좋은 영어 공부 방법일 것이다. 한두 번 공부에 영어 실력이 많이 향상될 것이라는 욕심을 내면 안 된다. 두고두고 꺼내 봐야 한다. 이것만이 영어 공부의 비법이다.

두꺼비 선생님

나의 MBTI는?

✳

요즘 사람들은 자기 MBTI(엠비티아이)를 자주 말해요. TV에서도 많이 나오고, 친구들끼리도 서로 물어봐요. "너 MBTI 뭐야?" 하고요. 마치 MBTI를 모르면 대화가 안 되는 것처럼 느껴질 때도 있어요.

사실, 나는 예전에 공부 모임에서 처음으로 MBTI 검사를 해 본 적이 있어요. 그런데 그때는 결과가 이것 같기도 하고 저것 같기도 해서 잘 믿을 수가 없었어요. 그래서 'MBTI는 믿을 게 못 된다'라고 생각하게 되었어요.

그런 나도 한 가지는 확실히 알 수 있어요. 나는 사람들 많은 곳보다 혼자 있는 걸 더 좋아해요. 그래서 '외향(E)'이 아니라 '내향(I)'이에요. (E)는 Extrovert, 외향적인 사람, (I)는 Introvert, 내향적인 사람이라는 뜻이에요. 이왕 하는 김에 나머지도 한번 정해 보려고 해요.

두 번째는 '감각형(S)'과 '직관형(N)'인데요. Sensing과 Intuition의 약자예요. Intuition은 I로 하지 않고, N으로 했다는 것에 유의하면 돼요. 무슨 일이든 '이걸 왜 하는지'만 알려 주면 스스로 알아서 하는 걸 좋아하는 사람이 N이에요. 그런데 나는 자세한 설명이 있어야 더 편해요. 그래서 S가 맞는 것 같아요.

세 번째는 '사고형(T)'과 '감정형(F)'이에요. Thinking과 Feeling의 줄임말이에요. 친구가 고민을 말하면, '왜 그런지, 어떻게 해결할 수 있을까?'를 먼저 생각하는 사람이 T고, "그랬구나. 힘들었겠다." 하며 먼저 공감해 주는 사람이 F에요. 나는 T 쪽이 맞지만, 요즘은 F처럼 위로해 주려고 노력도 해요.

마지막은 '판단형(J)'과 '인식형(P)'이에요. Judging과 Perceiving의 약자예요. J는 미리 계획을 세우고 일을 하는 사람이고, P는 상황에 따라 유연하게 움직이는 사람이에요. 나는 일이 늦어지면 마음이 불안하고 조바심이 생기기 때문에 미리미리 해 두는 편이라, J 같아요.

그래서 나의 MBTI는 ISTJ예요! 이건 '책임감 있는 사람'이라는 뜻이래요. 나에게 딱 맞는 말 같아요. 물론 MBTI가 모든 걸 다 말해 주는 건 아니지만, 재미 삼아 해 보는 건 나쁘지 않다고 생각해요.

천자문 공부

✳

천자문 교육의 가치- 전문가와 학부모의 질의응답 연수

진행: ○○초등한문교육협회 주최 학부모 연수회

장소: △△초등학교 시청각실

강연자: 안말순 교수(한문 교육 전문가)

안말순 교수: 여러분, 반갑습니다. 오늘은 초등학생을 위한 천자문 학습의 의미와 가치에 대해 말씀드리고, 질문도 받도록 하겠습니다. 여러분 자녀들이 혹시 '하늘 천, 땅 지, 검을 현, 누를 황'이라는 말, 들어 본 적 있을까요? 바로 천자문(千字文)의 첫 구절 말입니다. 이 네 글자는 하늘과 땅, 검은색과 노란색을 말하죠. 또 '집 우, 집 주, 넓을 홍, 거칠 황'이라는 말이 있습니다. 이렇게 앞뒤 구절이 뜻과 형식에서 서로 어울리는 것을 '대구(對句)'라고 합니다. 천자문은 이런 식으로 125개의 네 글자 구절, 즉 총 1,000자로 구성되어 있습니다.

학부모 1: 교수님, 그런데 요즘 세상에 굳이 천자문을 아이가 꼭 배워야 할 필요가 있을까요? 요즘은 한자보다 영어가 더 중요하지 않나요?

안말순 교수: 좋은 질문입니다. 정답부터 말씀드리면, 꼭 배워야 하는 건 아닙니다. 하지만 배우면 분명한 이점이 있습니다. 천자문을 통해 배우는 한자는 대부분 우리말 어휘의 뿌리가 되는 글자들입니다. 예를 들어 '학(學)' 하나만 잘 알아도 '학교', '학습', '학자' 등의 낱말을 쉽게 이해할 수 있죠. 이런 어휘력의 확장은 독서와 다른 과목 학습에도 큰 도움이 됩니다. 그리고 천자문은 고대 중국의 역사와 전설, 생활의 지혜도 담고 있어 아이의 인문학적 감수성을 키우는 데도 유익합니다.

학부모 2: 그런데 천자문이 너무 어려운 한자가 많다고 들었어요. 아이가 도중에 포기하지 않을까요?

안말순 교수: 맞습니다. 천자문은 초등학생 수준에서 쉽다고만은 할 수 없습니다. 쉬운 글자도 있지만, 어려운 글자도 많습니다. 그래서 무조건 처음부터 125연, 1,000자

전부를 다 외우라고 하시기보다, '10연, 80자'부터 시작하라고 권장해 드립니다. 부담을 줄이면서 재미있게 익히도록 유도하는 것이 중요합니다. 핵심은 아이 스스로 하고 싶어서 하는 공부여야 효과가 있다는 겁니다. 억지로 시키면 오히려 역효과가 날 수 있습니다.

학부모 3: 그러면 천자문 공부는 어떻게 시켜야 해요? 그냥 글자만 외우면 되나요?

안말순 교수: 한자 공부에서 제일 중요한 건 '훈(뜻)'과 '음(소리)'을 함께 익히는 것입니다. 우선 읽어 보고, 써 보고, 반복해서 외우는 방식으로 진행합니다. 그리고 한자는 획순(쓰는 순서)이 중요하므로 인터넷 자료나 스마트폰 앱, 유튜브 영상 등을 잘 활용하시면 좋습니다. 요즘은 천자문 관련 학습 동영상이 아주 잘 나와 있습니다. 단순히 글자만 외우기보다 그 의미를 아이가 직접 말해 보고, 문장으로 풀이하게 하면 이해가 훨씬 깊어집니다.

학부모 4: 옛날에는 서당에서 훈장님 지도로 아주 어렸을 적부터 천자문을 공부한 것으로 알고 있습니다만, 우리 아이는 아직 1학년인데 한글도 완벽하게 모르는 상태예요. 이런 아이도 천자문을 배워도 괜찮을까요?

안말순 교수: 정확하게 짚어 주셨어요. 1학년도 천자문을 배울 수는 있습니다. 오히려 한글과 천자문을 함께 익히는 방식도 효과적일 수 있어요. 아이에 따라 다르지만, 한글을 익히는 과정과 병행하면서 천자문을 접하면 소리와 뜻의 구조를 더 쉽게 이해하는 경우도 많습니다. 단, 이건 어디까지나 아이의 흥미와 의욕이 있을 때만 권장해 드립니다. 억지로 시키면 안 돼요.

학부모 5: 혹시 천자문을 다 외우면 뭐가 달라질까요? 성적에도 도움이 되나요?

안말순 교수: 정확히 말하자면, 천자문을 다 외운다고 바로 성적이 오르진 않습니다. 하지만 천자문을 통해 기본 어휘력, 이해력, 문장 구성력이 좋아지면, 결과적으로 국어, 사회, 도덕 등 대부분의 과목에서 자신감이 붙고 성취도 향상으로 이어지게 됩니다. 또 하나는 자기 주도 학습 습관을 기를 수 있다는 점입니다. 자신이 계획하고, 외우고, 확인하는 과정을 통해 스스로 공부하는 힘이 커집니다. 천자문 125연 전체를

다 하지 않아도 좋습니다. 조금씩이라도 꾸준히 하면 분명히
아이에게 이득이 됩니다.

천자문은 단순히 옛날 글자가 아니라, 지혜의 보고이자 언
어의 뿌리입니다. 모든 아이가 반드시 배워야 하는 것은 아니
지만, 배우면 확실히 얻는 게 많은 공부입니다. 강요는 금물입
니다. 다만 기회가 주어진다면, 아이의 성장과 사고력 발달에
천자문은 정말 훌륭한 도구가 될 수 있습니다. 감사합니다.
질문 더 있으신 분은 연수 후 따로 상담 가능합니다.

천자문 이야기-
寒來暑往 秋收冬藏(한래서왕 추수동장)

✳

오늘 천자문 공부는 125연 중 세 번째 연인, 寒來暑往 秋收冬藏(한래서왕 추수동장)을 공부하고자 한다. 먼저, 아래와 같이 각 글자의 뜻과 음 그리고 그 글자의 쓰임을 공부한다. 한자 공책이나 빈 공책에 쓰기를 연습하면 더 빨리 익힐 수 있다.

寒 찰 한한파(寒波), 한식(寒食)

來 올 래미래(未來), 장래 (將來)

暑 더울 서피서(避暑), 처서(處暑)

往 갈 왕왕래(往來), 왕복(往復)

秋 가을 추추석(秋夕), 춘추(春秋)

收 거둘 수수입(收入), 수익(收益)

冬 겨울 동동지(冬至), 동면(冬眠)

藏 감출 장냉장고(冷藏庫), 저장(貯藏)

다음에는 두 글자로 한 낱말을 만들어 공부하고, 그 아래처럼 네 글자로 1구를 만들면 사언일구(四言一句)가 되고, 2구를 합하여 이구일련(二句一聯)의 고체시로 완성할 수 있다. 이렇게 이구일련의 시를 완성한 후에는 '한래서왕 추수동장'의 구절을 쓰기 연습과 함께 의미를 이해하고 암기해야 한다. 1,000자 125연을 이렇게 의미 이해, 쓰기, 암기의 무한 반복적인 공부를 통하여 완성하는 것이다.

맨 마지막의 '장' 자와 관련된 공부는 일종의 '더 공부하기'인 셈이다. 모양이 비슷한 '장' 자의 세 글자를 쓰임에 맞게 정리한 것이니 차근차근 공부하면 되겠다. 천자문을 더 공부하고 싶다면 서점에서 천자문 책을 구입해도 되고, 유튜브나 인터넷을 참고해도 좋다.

寒來 추위가 온다 / 暑往 더위가 간다

秋收 가을에 거둔다 / 冬藏 겨울에 저장한다

寒來暑往 추위가 오면 더위가 가고

秋收冬藏 가을에 거두고 겨울에 저장한다

壯 씩씩할 장, 장할 장, 장사(壯士), 장정(壯丁)

將 장수 장, 대장(大將), 장래(將來)

裝 꾸밀 장, 행장 장, 장치(裝置)

재미있는 한자 이야기-
문 문(門)

✱

오늘은 재미있는 한자 이야기를 해 보려고 합니다. 먼저, 문 문(門) 자는 양쪽으로 여닫는 큰 대문을 그린 것으로, 집으로 들어가기 위한 큰 대문을 뜻합니다. 그러면 이 문 문(門) 자에 여러 한자를 집어넣어서 새로운 한자를 만들어 보겠습니다.

문 문(門) 자에 해 일(日)을 넣으면, 사이 간(間)이 됩니다. 이는 문 사이로 햇빛이 들어오는 모습을 나타냅니다. 시간 (時間), 인간(人間) 등의 낱말로 쓰이는 한자입니다.

문 문(門) 자에 입 구(口)를 넣으면, 물을 문(問)이 됩니다. 이는 문 앞에서 입으로 묻는 모습의 글자입니다. 질문(質問), 학문(學問) 등의 낱말로 쓰이는 한자입니다.

문 문(門) 자에 열 개(开)를 넣으면, 열 개(開)가 됩니다. 이는 문을 양손으로 여는 모습의 글자입니다. '開' 자를 보면 '門' 자에 한 일(一) 자와 받들 공(廾) 자가 결합한 형태입니다. 여기서 '廾' 자는 양손을 그린 것이니 '開' 자는 양손으로 빗장(一)을 푸는 모습을 표현한 것이라 할 수 있습니다. 개방(開放), 공개(公開) 등의 낱말로 쓰이는 한자입니다.

문 문(門) 자에 재주 재(才)를 넣으면, 닫을 폐(閉)가 됩니다. 이는 문을 닫는 손동작을 표현하는 글자입니다. 이 글자는 재주 재(才)가 맞지만, 여기서는 손 수(手)로 표현된 글자입니다. 폐쇄(閉鎖), 폐막(閉幕) 등의 낱말로 쓰이는 한자입니다.

문 문(門) 자에 사람 인(人)을 넣으면, 번쩍일 섬(閃)이 됩니다. 이는 문 사이로 사람이 번쩍 지나감을 표현하는 글자입니다. 섬광(閃光) 등의 낱말로 쓰이는 한자입니다.

문 문(門) 자에 귀 이(耳)를 넣으면, 들을 문(聞)이 됩니다. 이는 문 너머에서 귀로 듣는 모습을 표현하는 글자입니다. 신문(新聞), 소문(所聞) 등의 낱말로 쓰이는 한자입니다.

문 문(門) 자에 나무 목(木)을 넣으면, 한가할 한(閑)이 됩니다. 이는 문 안을 나무로 막아, 외부와의 단절로 자신만의 시간이 생겼다는 의미에서 '한가하다'라는 뜻으로 쓰이는 글자입니다. 농한기(農閑期), 한량(閑良) 등의 낱말로 쓰이는 한자입니다.

문 문(門) 자에 말 마(馬)를 넣으면, 엿볼 틈(闖)이 됩니다.

이는 말이 문 앞에서 머리를 내밀고 도망치려는 틈을 엿보는 상태를 표현한 글자입니다. 틈입(闖入), 틈사(闖肆) 등의 낱말로 쓰이는 한자인데, 실제로 이런 한자를 쓰기는 쉽지 않을 것 같습니다.

이 외에도 누각 각(閣), 어두울 암(闇), 싸울 투(鬪) 등의 글자도 문 문(門) 자에서 만들어진 글자입니다. 모든 한자를 위와 같이 공부할 수는 없겠지만, 이 같은 공부 방법은 한자를 이해하는 데에는 재미있고 편리할 수는 있습니다.

그들의 후계자는
산토끼를 공유하는 금발

*

동생: 형아, 영어 단어 중에 '헤어(hair)' 같은 거 너무 비슷비슷해서 헷갈려. 어떻게 외워?

형: 아~ 그거! 진짜 헷갈리는 단어들 있지. 내가 신기하고 웃긴 방법 하나 알려 줄게!

동생: 응! 알려 줘!

형: 오늘은 이 세 가지 단어를 외울 거야. 'heir', 'hare', 'hair'. 글자도 비슷하고 발음도 헷갈려. 근데 형이 재미있게 엮어서 외우는 방법 알려 줄게.

동생: 우와~ 완전 좋아!

형: 먼저 heir는 '에어'라고 읽어. h는 묵음이어서 소리가

안 나. 이 단어는 '후계자'라는 뜻이야. 쉽게 말하면, 왕이나 부자가 죽으면 그다음 왕이 되거나 재산을 물려받는 사람 있잖아? 그 사람이 heir야.

동생: 오오~ 후계자! 그럼 'their heir'는 뭐야?

형: 잘 물어봤다! their는 '그들의'라는 뜻이니까 their heir는 '그들의 후계자'라는 뜻이지. their랑 heir는 발음도 비슷하고, their에서 t를 빼면 heir가 되지. 둘 다 '사람을 가리키는 말'이니까 같이 외우기 좋아.

동생: their heir! 발음도 비슷하고, 뜻도 연결되고, t 하나 차이네!

형: 맞아! 자, 다음은 hare야. 이건 산토끼야. 아주 빠르고 귀가 긴 토끼.

동생: 그럼 share랑 hare도 관계가 있어?

형: 역시 똑똑한데? share는 '나누다'라는 뜻이지. share

와 hare는 둘 다 발음도 비슷하고 철자도 비슷해. 앞에 s가 있고 없고 차이지. 그래서 'hare를 share한다'는 말이 돼.

동생: 산토끼를 나눠? 하하, 진짜 웃긴 말이다.

형: 하하, 맞아. 그래서 'share a hare'는 산토끼를 나눈다는 말이 되는데, 웃기니까 더 기억에 잘 남지?

동생: 응! 'share-hare', 외우기 쉽다!

형: 자, 마지막은 hair, 머리카락이야. 이건 너도 잘 알지?

동생: 알지~ 머리 감기 싫은 그거!

형: 그치! 그런데 비슷하게 생긴 단어로 fair가 있어. 이건 뜻이 여러 개인데, 그중 하나가 '공정한'이고, 또 다른 뜻은 '금발인'이야. 그래서 'fair hair'는 금발 머리라는 뜻이 돼.

동생: 와! hair랑 fair도 앞 철자 h와 f만 다른 짝꿍이네?

두꺼비 선생님

형: 그렇지! 자, 이제 형이 알려 줄 재미있는 문장 외워 보자. 이 문장에 오늘 배운 단어들이 다 들어 있어.

동생: 얼른 알려 줘!

형: "Their heir shares a hare with fair hair." 뜻은 "그들의 후계자는 금발 머리와 산토끼를 공유한다."야.

동생: 하하, 말은 좀 이상하지만 재미있다! their는 '그들의', heir는 '후계자', share는 '나누다', hare는 '산토끼', fair는 '금발인', hair는 '머리카락'.

형: 이야~ 완벽하게 외웠네! 웃기고 말도 이상하니까 더 기억나지?

동생: 맞아! 앞으로도 이런 식으로 영어 공부 하면 재미있을 것 같아!

형: 그래~ 영어는 외우는 것도 중요하지만, 이렇게 연결해서 기억하면 훨씬 쉬워져. 다음에도 또 재미있는 단어들 알려 줄게!

초등 필수 영단어 800개,
누워서 떡 먹기

*

　2022년 교육부에서 선정한 영어과 교육 과정 기본 어휘 목록에는 총 3,000개의 영어 단어가 제시되어 있다. 이 중 초등학교에서 사용하기를 권장하는 단어는 800개, 중학교와 고등학교 공통 과목에서 권장하는 단어는 1,200개다. 나머지 1,000개는 고등학교의 선택 과목 등 공통 과목 외의 영어 교과에서 사용하도록 되어 있다.

　여기서 주의할 점이 하나 있다. 이 3,000개의 단어에는 파생어가 포함되어 있지 않다는 점이다. 따라서 파생어까지 포함하면 실제로 익혀야 할 단어 수는 훨씬 늘어난다. 예를 들어, 'teacher'는 3,000개 단어 목록에 포함되어 있지 않다. 이는 'teacher'가 'teach'의 파생어로 간주되기 때문이다. 마찬가지로, 'they'는 기본 단어로 포함되어 있지만, 'their'나 'them'은 초등 영어 단어에도, 중고등학교 영어 단어 목록에도 없다. 즉, 실제로 학생이 익혀야 할 단어 수는 800개보다 많고, 3,000개보다도 많다는 것이다.

『두꺼비 영단어 1편』에는 초등 영단어 648개가 수록되어 있다. 이 중 중복된 단어를 제외하면 총 480개의 단어가 사용되었다. 이번 『두꺼비 영단어 2편』에서는 나머지 320개의 단어를 모두 소개한다. 따라서 두 권을 모두 공부하면, 초등 영단어 800개를 완전히 정복할 수 있다.

물론 초등학교 1, 2학년 자녀에게 이 800개 단어를 다 외우도록 하겠다고 부모님이 서두르는 일은 없어야 한다. 조급함은 금물이다. 공부에는 단계가 있다. 1, 2학년은 단어의 '냄새'를 맡고, 3, 4학년은 '맛'을 보고, 5, 6학년은 '소화'를 시켜야 한다. 초등학교 6학년이 아직도 초등 800단어에 쩔쩔맨다면, 이제는 정말 분발할 때다.

24절기를 공부해요

✳

1년 중 낮의 길이가 가장 긴 날은 하지, 밤이 가장 긴 날은 동지라는 말을 들어 보았을 것이다. 그리고 춘분과 추분은 낮과 밤의 길이가 같다. 그 외에 입춘, 대설, 대한 이런 말도 들어 보았을 것 같다. 이러한 것을 통틀어 24절기라고 한다. 그러니까 1년은 절기가 24개가 있다. 1년은 12개월이므로, 매월 두 개의 절기가 들어 있는 것이다.

절기는 대부분 매월 5일경과 20일경에 있는데, 해마다 날짜가 하루 이틀 정도 다르다. 예를 들어 어느 해의 입춘은 2월 4일인데, 다른 해에는 2월 3일이 되기도 하고, 어느 해의 하지는 6월 21일인데, 다른 해는 6월 22일인 경우도 있다. 24절기를 봄부터 시작하면 입춘, 우수, 경칩, 춘분, 청명, 곡우, 입하, 소만, 망종, 하지, 소서, 대서, 입추, 처서, 백로, 추분, 한로, 상강, 입동, 소설, 대설, 동지, 소한, 대한이다.

나는 이것을 첫 글자만 따서 다음과 같이 암기하였다.

입우경 춘청곡, 입소망 하소서, 입처백 추한상, 입설설 동한한. 이왕 암기할 거면 각각의 글자가 가진 뜻을 이해하면 암기하는 데 도움이 된다. 입춘의 '입'은 설 립(立) 자다. 이것은 입하, 입추, 입동도 다 마찬가지다. 입춘의 '춘'은 봄 춘(春) 자다. 이것은 여름 하, 가을 추, 겨울 동도 마찬가지다. 우수의 '우'는 비 우(雨) 자다. 경칩의 '경'은 놀랄 경(驚) 자로, 경칩은 개구리가 놀라서 깬다는 의미다. 소서, 대서, 소한, 대한, 소설, 대설의 '소'와 '대'는 작을 소(小)와 큰 대(大) 자다.

24절기가 농사나 날씨 등, 우리의 생활과 밀접한 관련이 있기는 하지만, 대부분의 절기는 큰 느낌 없이 그냥 지나가는 경우가 많다. 그러나 입춘 때는 좀 다르다. '입춘대길'이라는 글귀를 대문이나 기둥에 써 붙이는 경우가 많다. 요즘은 아파트 현관문에 많이 붙인다. '대길', 큰 길운을 기원한다는 뜻이다. 하나가 더 있다. 동지다. 동짓날은 팥죽을 끓여 먹는 날로 유명하다. 요즘은 직접 끓여 먹는 집보다는 식당에서 사 먹는 경우가 더 많은 것 같다. 팥죽에는 새알심이 핵심인데, 나는 새알심을 별로 좋아하지 않는다. 찐득찐득하여 입천장에 들러붙기만 하지 맛을 모르겠다. 사실 나는 팥죽보다 팥칼국수를 좋아한다. 그리고 나는

한참 성인이 될 때까지도 팥칼국수를 팥죽으로 알고 먹었
다. 찹쌀을 넣은 팥죽은 어릴 때는 먹어 본 일이 없다. 그
땐 쌀이 귀했다. 찹쌀은 더욱 귀했다.

구구단을 외자! 구구단을 외자!

*

구구단을 외자! 구구단을 외자! 구칠? ……!

구구단을 외우는 초등 2학년과 3학년에게 제일 어려운 구구단 문제는 '구칠'이다. '구칠 63'은 쉽게 나오질 않는다. 구팔도 마찬가지로 쉽게 나오질 않는다. 즉, 9단을 거꾸로 외우는 일이 제일 어렵다. 앗, 여기서 잠깐, '구구단을 외자'에서 '외자'는 '외우자'의 축약형이기 때문에 글로 쓸 때는 '구구단을 외우자'처럼 쓰는 것이 좋다. 으뜸꼴이 '외우다'이기 때문이다.

다시 구구단으로 돌아와서 얘기하자. 현재 초등학교에서는 구구단을 2학년 2학기에 암기하도록 돼 있다. 그런데 이것을 학교에서 담임 선생님이나 가정에서 부모님이 신경을 덜 쓰면 구구단을 제대로 암기하지 못하고 3학년으로 올라가는 경우가 있는데, 이것은 참 위험하다. 반드시 2학년 말에 꼭 암기하고 3학년에 올라가야 한다. 공부도 다 때가 있는 법이다.

두꺼비 선생님

나도 초등학교 때 구구단을 외웠는데, 그때는 책받침에 구구단표가 적혀 있었다. 그런데 어쩌다가 책받침을 잃어버려서 구구단표를 공책에 만들어서 암기했던 기억이 난다. 책받침을 잃어버린 것이 구구단을 암기하는 데 오히려 더 도움이 되었다. 구구단표를 만들면서 구구단의 원리를 이해할 수 있었고, 이것이 구구단을 암기하는데 어려움을 줄여 주었다. 혹시 여유가 된다면, 초등학교 2학년에게 구구단표를 직접 만들어 보도록 하는 활동은 참 좋은 공부라고 할 수 있다.

제일 암기하기 쉬운 단은 2단이다. 그다음이 5단 또는 3단 그리고 4단, 6단, 8단, 7단, 9단의 순인 것 같다. 9단 못지않게 암기하기 어려운 것이 7단이다. '구칠 63'이 잘 안 나오듯이, 칠사? 하면 24라고 하는 경우가 참 많다. 칠사 28인데 말이다.

구구단은 2단부터 9단까지 차례대로 암기하고, 9단에서 2단까지 거꾸로도 암기해야 한다. '구일은 9'부터 암기하기도 하고, '구구 81'부터 '이일은 2'까지 거꾸로도 암기할 수 있어야 한다. 결국에는 '쿡' 찌르면, '콸콸' 나와야 한다. 수돗물 나오듯이 말이다. 아무 때나, '구칠?' 하면 '63'이, '칠사?' 하면 '28'이 나와야 한다.